中国工程院院士

是国家设立的工程科学技术方面的最高学术称号，为终身荣誉。

中国工程院院士传记

赵振业传

李韶华　著

航空工业出版社

人民出版社

内 容 提 要

本书讲述了赵振业院士的成长过程，详细介绍了他带领团队取得科研成果的艰辛历程，总结了他获得成功的思路及方法，同时阐述了材料科学与工程中的几个基本规律。本书内容丰富，不仅适合从事材料研究的专业人员阅读，也适合其他专业科研人员阅读，对有志于中国航空事业的广大青少年也大有裨益。

图书在版编目（CIP）数据

赵振业传 / 李韶华著. --北京：航空工业出版社，2014.1（2019.1重印）
(中国工程院院士传记系列丛书)
ISBN 978-7-5165-0349-2

Ⅰ. ①赵… Ⅱ. ①李… Ⅲ. ①赵振业—传记 Ⅳ. ①K826.16

中国版本图书馆CIP数据核字(2013)第294894号

中国工程院院士传记 赵振业传
Zhongguo Gongchengyuan Yuanshi Zhuanji Zhao Zhenye Zhuan

航空工业出版社出版发行
（北京市朝阳区北苑2号院 100012）
发行部电话：010–84936597 010–84936343

三河市金轩印务有限公司印刷 全国各地新华书店经售
2014年1月第1版 2019年1月第2次印刷
开本：710×1000 1/16 印张：16 字数：223千字
印数：3001—3500 定价：66.00元

赵振业院士

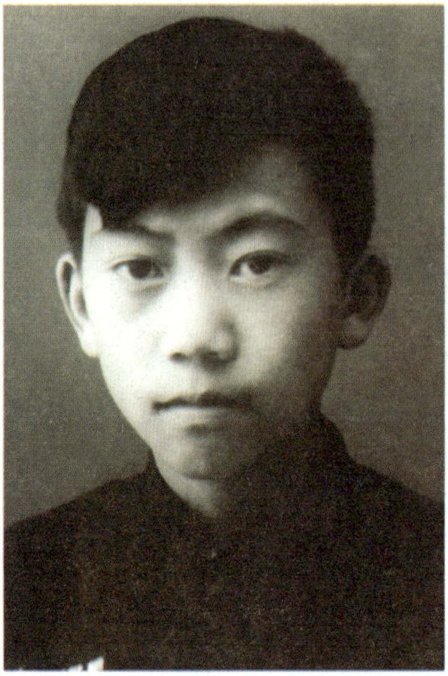

1953年初中毕业

1956年高中毕业

1961年西北工业大学毕业

1961 年 10 月入伍

1965 年与刘佩芬结婚

与妻子、儿女合影

四世同堂

全家福

2009 年与九旬老母在一起

离不开书的人

2005年与航材院院长葛子干（右一）、党委书记刘井宏（左一）
及颜鸣皋院士（右二）在一起

在歼8Ⅱ飞机起落架装配现场

2006 年 10 月 19 日接受中央军委副主席曹刚川接见

接受新闻媒体采访

2007 年 2 月接受时任中航一集团总经理林左鸣接见

做学术报告

与师昌绪院士在抗疲劳制造工作会上

在美国考察

与美国前国务卿黑格先生（左六）在一起

会见俄罗斯专家

在全俄航空材料研究院与功勋院士在一起

参加范堡罗航展

出席中航工业劳动模范座谈会

出席国庆60周年庆典

与博士们合影

与双胞胎孙子在一起

参加宁夏院士行

中航工业劳模在悉尼

航材院劳模在新加坡

航材院劳模在巴厘岛

庐山恋

在美国的女儿一家

在加拿大的儿子一家

中国工程院院士传记系列丛书

总　序

20世纪是中华民族千载难逢的伟大时代。千百万先烈前贤用鲜血和生命争得了百年巨变、民族复兴，推翻了帝制，肇始了共和，击败了外侮，建立了新中国，独立于世界，赢得了尊严，不再受辱。改革开放，经济腾飞，科教兴国，生产力大发展，告别了饥寒，实现了小康。工业化雷鸣电掣，现代化指日可待。巨潮洪流，不容阻抑。

忆百年前之清末，从慈禧太后到满朝文武开始感到科学技术的重要，办“洋务”，派留学，改教育。但时机瞬逝，清廷被辛亥革命推翻。五四运动，民情激昂，吁求“德、赛”升堂，民主治国，科教兴邦。接踵而来的，是18年内战、8年抗日和3年解放战争。恃科学救国的青年学子，负笈留学或寒窗苦读，多数未遇机会，辜负了碧血丹心。

1928年6月9日，蔡元培主持建立了中国近代第一个国立科研机构——中央研究院，设理化实业研究所、地质研究所、社会科学研究所和观象台4个研究机构，标志着国家建制科研机构的诞生。20年后，1948年3月26日遴选出81位院士（理工53位，人文28位），几乎都是20世纪初留学海外、卓有成就的科学家。

中国科技事业的大发展是在新中国成立以后。1949年11月1日成立了中国科学院，郭沫若任院长。1950—1960年有2500多名留学海外的科学家、工程师回到祖国，成为大规模发展中国科技事业的第一批领导骨干。国家按计划向苏联、东欧各国派遣1.8万名各类科技人员留学，全都按期回国，成为建立科研和现代工业的骨干力量。高等学校从新中国成立初期的200所增加到600多所，年招生增至28万人。到21世纪初，大学有2263所，年招生600多万人，科技人力总资源量超过5000万人，具有大学本科以上学历的科技人才达1600万人，已接近最发达国家水平。

新中国成立60多年来，从一穷二白成长为科技大国。年产钢铁从1949年的15万吨增加到2011年的粗钢6.8亿吨、钢材8.8亿吨，几乎是8个最发达国家（G8）总年产量的2倍，20世纪50年代钢铁超英赶美的梦想终于成真。水泥年产20亿吨，超过全世界其他国家总产量。中国已是粮、棉、肉、蛋、水产、化肥等世界第一生产大国，保障了13亿人口的食品和穿衣安全。制造业、土木、水利、电力、交通、运输、电子通信、超级计算机等领域正迅速逼近世界前沿。“两弹一星”、高峡平湖、南水北调、高公高铁、航空航天等伟大工程的成功实施，无可争议地表明了中国科技事业的进步。

党的十一届三中全会以后，改革开放，全国工作转向以经济建设为中心。加速实现工业化是当务之急。大规模社会性基础设施建设、大科学工程、国防工程等是工业化社会的命脉，是数十年、上百年才能完成的任务。中国科学院张光斗、王大珩、师昌绪、张维、侯祥麟、罗沛霖等学部委员（院士）认为，为了顺利完成中华民族这项历史性任务，必须提高工程科学的地位，加速培养更多的工程科技人才。中国科学院原设的技术科学部已不能满足工程科学发展的时代需要。他们于1992年致书党中央、国务院，建议建立“中国工程科学技术院”，选举那些在工程科学中做出重大创造性成就和贡献、热爱祖国、学风正派的科学家和工程师为院士，授予终身荣誉，赋予科研和建设任务，指导学科发展，培养人才，对国家重大工程科学问题提出咨询建议。中央接受了他们的建议，于1993年决定建立中国工程院，聘请30名中国科学院院士和遴选66名院士共96名为中国工程院首批院士。1994年6月3日，召开了中国工程院成立大会，选举朱光亚院士为首任院长。中国工程院成立后，全体院士紧密团结全国工程科技界共同奋斗，在各条战线上都发挥了重要作用，做出了新的贡献。

中国的现代科技事业比欧美落后了200年，虽然在20世纪有了巨大进步，但与发达国家相比，还有较大差距。祖国的工业化、现代化建设，任重道远，还需要数代人的持续奋斗才能完成。况且，世界在进步，科学无止境，社会无终态。欲把中国建设成科技强国，屹立于世界，必须持续培养造就数代以千万计的优秀科学家和工程师，服膺接力，担当使命，开拓创新，更立新功。

中国工程院决定组织出版《中国工程院院士传记系列丛书》，以记录他们对祖国和社会的丰功伟绩，传承他们治学为人的高尚品德、开拓创新的科学精神。他们是科技战线的功臣、民族振兴的脊梁。我们相信，这套传记的出版，能为史书增添新章，成为史乘中宝贵的科学财富，俾后人传承前贤筚路蓝缕的创业勇气、魄力和为国家、人民舍身奋斗的奉献精神。这就是中国前进的路。

宋健

出 版 说 明

中国航空工业的院士群体是航空技术领域的学术权威和资深专家，他们为中国航空工业的振兴和发展建立了卓越功勋，做出了巨大贡献，是中国航空工业的宝贵财富。

为了弘扬院士群体报效祖国、激情进取、创新图强的精神，2009年中国航空工业集团公司企业文化部开始组织编写《中国航空工业院士丛书》，该丛书记录了院士们的成长足迹，不懈追求科学真理、自强不息、孜孜不倦的奋斗精神，淡泊名利、爱党报国的民族精神，以及为中国航空工业的发展做出的杰出贡献。时任中航工业总经理林左鸣为丛书作序，2010年以后陆续出版。丛书出版以后在全国公开发行，读者反响强烈，受到了广泛好评。

2013年中国工程院下发通知，要求首先为资深院士编写出版院士传记，在2014年6月中国工程院成立20周年之际出版。由于航空工业在这方面的工作走在了前头，中国工程院与我们合作，将《中国航空工业院士丛书》加以改编，纳八《中国工程院院士传记系列丛书》出版。传记的编写出版得到了中国航空工业集团公司企业文化部的支持，得到了各位院士和院士所在单位、传记作者的支持和帮助，在此表示崇高的敬意和衷心的感谢！

中航出版传媒有限责任公司

2013年11月

目录

引子

钢材料是一个古老的研究课题。钢铁炉中翻火焰，中国先人几千年前就会冶炼。从君王显贵佩带的宝剑，到蓝天上翱翔的雄鹰；从古代冷兵器到现代热核武器，钢是从古到今几千年来人类智慧的结晶。

钢是飞机上应用最早、用量最大的结构材料之一。超高强度钢（可承受高应力结构件用的合金钢，一般屈服强度大于1400兆帕，抗拉强度大于1700兆帕）是20世纪50年代材料科学最重大的成果之一。它以强度最高和综合性能优良迅速成为航空、航天等高科技领域中如飞机起落架、机翼大梁、火箭和导弹壳体以及高精密传动件等主承力构件的首选材料，直至今天，仍是材料科学前沿的重要部分和研究热点。

搞材料的人都知道，一个新钢种的诞生何其艰难，从成分摸索到成熟应用，需要经历10 ~ 20年。

一位将军曾经说过，一代材料，一代装备。

新中国成立不久，百废待兴。1956年，在北京成立了航空材料研究所（今北京航空材料研究院，简称航材院），专门研究航空工业所需的特殊材料。

1961年，西北工业大学金属学及热处理专业毕业的高材生赵振业分配到航材院，从事航空超高强度钢应用基础理论、合金设计和应用科学技术研究。

这位出生在河南原阳的小伙子，一走上科研工作岗位就参与了我国第一个热强马氏体不锈钢的研究，师从李文澜先生，完整地经历了一项新材料研制成功的全过程。

从20世纪70年代起，赵振业开始步入新的研究领域，并担任多项课题的技术负责人。在不断的探索中，开拓出航空超高强度钢的新领域，为多项重大航空工程做出了突出贡献。其研究成果广泛应用于10多种先进型号飞机和发动机，荣获国家科技进步一等奖、国家发明三等奖等国家级成果奖5项、合金发明专利

2 项、部级科技成果奖 6 项；发表学术论文 60 余篇、出版《合金钢设计》专著一部。被授予国家级有突出贡献专家，博士生导师，航空航天部、北京市劳动模范。曾任航材院副总工程师。2005 年，当选为中国工程院院士。

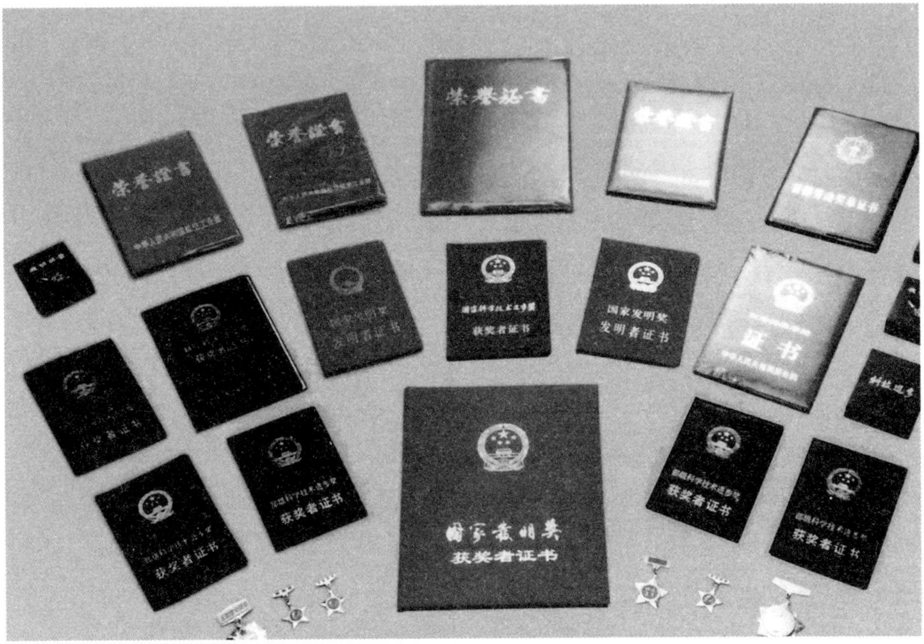

科技成果奖励证书及奖章

1975 年，赵振业受命主持研究航空中温超高强度钢。当时，除了美国把热作模具钢 H11 用作飞机构件外，世界上还没有一种真正的航空中温超高强度钢。赵振业在系统研究二次硬化和强 - 韧化机理的基础上，采用以钼为主强化元素、铬为调整元素的合金设计新思路，研制成功中国第一种航空中温超高强度钢 38Cr2Mo2VA，解决了高速飞机后机身超温超重选材难题。

1983 年秋，赵振业主持超高强度钢 300M 研制。他结合我国熔炼设备和技术现状，提出了“提纯原材料，降低硫含量”和“镦 - 拔开坯”的工艺路线建议，经抚顺钢厂创新“提纯原材料”等技术，于 1984 年一举达到美国宇航材料标准要求和实物水平。中国航空超高强度钢从此走上了 VIM+VAR 双真空熔炼（VIM——真空感应炉熔炼，是高温合金及特种钢生产的重要工艺；VAR——真空自耗炉熔炼，是高温合金及特种钢的一个主要熔炼方法）的“高纯”之路。

在此后的飞机起落架用新型超高强度钢 300M 应用研究中，赵振业提出了发展材料应用科学与技术思路，他从抗疲劳原理出发，设计了长寿命起落架的总体技术方案，提出“无应力集中”抗疲劳概念。在系统研究基础上，与同事们一起创新和集成创新了抗疲劳应用技术体系和 10 多项先进工艺。

科技成果奖章

这些技术用于国产 300M 钢制造的起落架，疲劳寿命一举达到 6000 飞行小时不破断。这一结果大大超过课题规定的 3000 飞行小时指标，也超过国外同类起落架规定的 5000 飞行小时寿命最高指标，达到国际先进水平，实现了我国长寿命起落架的重大工程目标，开辟了一条以材料应用科学与技术为主实现长寿命构件的技术道路。

20 世纪 90 年代，赵振业又与他的研究生们一起，致力于强－韧化机理及超硬－韧化机理研究。

经过几年探索，已初步揭示超细马氏体板条、超细沉淀相和逆转变奥氏体3个新机理。优选了1个合金成分体系。在实验室采用VIM+VAR双真空高纯熔炼和控制相变热处理后，抗拉强度达到1900兆帕，断裂韧性达到110MPa $\sqrt{m}$ 水平，首次把不锈钢提升到了超高强度、高韧性水平。与此同时，为解决传动系统长寿命齿轮和轴承问题，还设计了一种表层硬化型不锈齿轮轴承钢成分体系，首次将齿轮轴承钢提升到了超高强度、高韧性和超高硬度水平。这两项研究均获国家发明专利。

半个世纪以来，赵振业为航空材料科学研究燃烧和释放着自己的全部能量，他的坚定，对科学研究的执着，扎实的理论功底，丰富的技术经验，敬业奉献的精神，以及如钢的韧性和品质，成就了他的一番事业。

他研究取得的成果和发明，低合金钢、中合金钢、高合金钢和不锈钢，构筑了我国航空超高强度钢体系的总体架构，为航空超高强度钢的应用和发展奠定了基础。

应用基础理论研究是材料创新的基础，也是当前制约材料发展和应用的薄弱环节。如今，赵振业和他的研究生们正潜心于航空超高强度钢应用基础理论和合金设计研究。赵振业提出的“无应力集中”抗疲劳概念是一种带应力集中构件具有无应力集中时材料固有的高疲劳强度理论。现在，他正将这一理论扩展到高强度铝合金、钛合金和高温合金中，通过创立新的制造技术体系，实现我国抗疲劳制造，为高强度合金、超高强度合金应用奠定基础，以从根本上解决超高强度构件的长寿命、高可靠性和结构减重等问题；实现机械制造技术的跨越式发展，提升核心竞争能力，并将航空与其他精密机械制造带到经济可承受性的新时代。

赵振业，心系祖国航空材料的研究，书写着他的如钢人生。

第一章 童年时代

抗战出生的中原娃

黄河之水天上来，奔流到海不复回。

黄河这一自女娲补天、大禹治水就躺卧在这里的庞然大物见证了中国的千年巨变，这条气势磅礴、咆哮向前的母亲河，目睹了中华民族的荣辱沧桑，培育了华夏儿女刚毅、勤劳、直爽和桀骜不驯的性格。谁曾料想，昔日的古战场，如今已是阡陌纵横、楼馆栉比；当年“水淹日军”的花园口，如今麦浪一望无际，稻香沁人心脾。107 国道宛如飞天的彩带，飘挂十里虹桥，纵贯南北；高速列车宛如巨龙，穿梭桥廓，驰骋京粤。这就是中州大地，炎黄先帝的故里，中华民族的摇篮。

1937 年“七七事变”，抗日战争爆发。虽然这场战争已过去半个多世纪，但中国民众却始终无法忘记。因为那是一段为民族生存而战的历史，太过血腥和惨烈，注定要铭刻在每一个华夏子孙心底。

就在这一年的冬天，在黄河北岸河南原阳县一个不出名的乡里——姚村，一个男婴呱呱坠地。男孩的降生，最开心的当然是这家女主人了。虽然外面北风凛冽，可屋里热气腾腾。家里添了一个男丁，给奶奶带来了传宗接代之喜。男婴的一声啼哭也惊动了左邻右舍，很多近邻妇女来到他家，道喜声阵阵。这个婴儿就是赵振业，日后的航空结构材料专家、中国工程院院士。

河南是中华文明的发源地，中国人，大多数要到河南来寻根。

河南自古农耕发达，自给自足的小农生活造就了这里古朴淳厚的民风和自然亲切的乡情。

原阳县历史悠久。秦时置阳武县，西汉置原武县，1950 年，原武、阳武二县合并而成原阳县。

原阳县解放初期辖于平原省，现隶属新乡市。

具有数千年历史的原阳，积淀了丰厚的文化底蕴。古称"博浪沙"的原阳，因张良刺秦而闻名于世。

自秦汉至元代，原阳先后出过13位官至宰相的著名历史人物。有张良刺秦古遗址，毛遂故里、陈平祠、张苍墓、玲珑塔等名胜古迹，还有保存完好、具有民族风格的明末清初民宅夏家院。当然，还有共产党游击队夜袭日本鬼子的原武城遗址。

原阳姚村

姚村是黄河边上的一个中等村庄，南眈黄河大堤，北蹬绵延官道，土寨环抱，人杰地灵。姚村人并不姓姚，村子里住着赵姓、卞姓和胡姓的老百姓。

解放前，姚村有五六百号人。村里有一所小学，赵姓、卞姓各有一座"家庙"（南方人称为祠堂），还有一座"奶奶庙"。

"家庙"是祀祖、议事的场所，也是宗族红白喜事、惩戒忤逆之地。

"奶奶庙"里存放着许多瓷器娃娃，是人们用作求生育的吉祥物。

村里每月逢五、九日还要赶"会"，这"会"就是农村集贸市场。这一天，乡亲们会挑着自产的蔬菜瓜果去卖，还有各种小吃、日用品的摊位，人们各取所需，好不热闹。

今天，旧时的姚村早已不复存在。1958年，政府对姚村寨北面一大片盐碱地进行土地改良，引来黄河水淤地。淤积的泥沙覆盖的盐碱地，如今成了盛产稻谷的良田。

这样一来，土质是改好了，可村内处处冒水，原本池塘就多的

姚村老家

寨子变成了一个小泽国。于是，1963 年姚村整体搬迁到寨南，沿寨盖起了十里长街。

几十年过去了，如今的姚村每条街道都铺上了水泥路，新垫高的房屋井然有序，赶“会”的一条主街上有了小超市、小饭馆，小学校也异地重建，唯有“奶奶庙”里的那位善良送子奶奶“上天言好事”去了。像千万个社会主义新农村一样，姚村追赶着时尚。

看到如今的姚村，赵振业感慨万千。每次离开村子时都会情不自禁、热泪盈眶。他说，新旧社会两重天，今非昔比呀！在过去的岁月里，姚村土地贫瘠，连年战乱，水、旱、蝗灾闹得民不聊生，靠天吃饭的姚村人家徒四壁，苦不堪言。记得小时候有一次连年干旱，几乎颗粒无收，乡亲们挖草根、吃树皮充饥，还饿死过人。有的逃往他乡，村里的小姓人家绝了户。有一年遇上蝗灾，蝗虫多得吓人，地上密密麻麻，飞起来遮天蔽日，浩浩荡荡由西向东掠去，所到之处庄稼一扫而光。

对于中原大地的旱灾，美国记者白修德曾作过真实报道。1943

年1月，美国记者白修德与一位同行在河南采访。河南的人间惨剧令白修德的神经大受刺激。他看到在死亡线上挣扎的人们，饥饿的村民想要把他从马上拉下来，以便可以吃他的马。他听到人吃人的故事。他了解到河南政府对当地旱情不仅不提供帮助，反而还想着法子从苦难农民那里征税，而那些从外省弄来提供给河南灾民的粮食，则被军队扣下，以至于军队粮仓里堆满过剩的粮食。白修德从随处可见的死尸身边走过，遍地的饿殍仿佛在向他诉说，从而促使他写出了《人吃人的河南灾荒》一文。文章中有这样的细节描述："一些人躺在沟里，一动不动。我们把一两人摇一摇，看他们是否仍旧活着。其中有一人微动了动，我们将一张大钞票放在他的手里。他麻木的手指握住了这票子，但只是一个反射动作而已。接着，他的手指慢慢张开,票子在他摊开的手掌上抖动。另外一人躺在那里呻吟，我们摇动他，想设法使他起来，又没有力气……"在报道可怕现实的同时，白修德在文中指出：国民党政府和军队的横征暴敛和贪污腐化，是加重这场灾难的重要原因。文章在美国《时代》杂志上发表后，又在美国各地报刊登出，影响很大。

千百年来，黄河水奔放不羁，每当夏秋之交大有冲破大堤直奔天津之势，如今已被小浪底水库制伏；昔日的黄河滩，如今土地肥沃，解放前一亩好地收100斤[①]小麦算是好年成，现在亩产都达上千斤；以前一天三顿窝窝头、玉米粥，现在是面条、油烙饼；联合收割机代替了镰刀手割、肩挑、背驮，姚村人直起腰，开着车，开始过河游邙山二帝公园了。

赵振业是在黄河岸边长大的。对黄河有着特殊的情感，一旦有机会，他都会去看黄河。看到黄河，他就会想到《黄河颂》。在一阵阵雷鸣般的怒吼声中，一团团水雾升腾。不见飞瀑，不见深渊，眼前只有黄色的巨浪铺天盖地而来，翻腾、撕咬，异常狂暴……黄河有内堰与外堰，是真正的地上河。在堰内农民们也种上了庄稼。黄

① 1斤=0.5千克。

河古河床几经改道，饱经风霜的黄河人几经大的迁徙，辐射到全国各地，形成今日的“雄鸡高啼”的格局。可是，那种黄河文化、黄河民俗、黄河文明、黄河风情始终保存。

黄河北岸的大堤是一条苍老而浑厚的土堤，上面长满青草和绿树，如巨龙逶迤东去，阅尽两岸黄河儿女的春秋。据说这大堤始建自明朝，一代一代人为它加高，加厚，修修补补，让苍老中有新意，黧黑中见褐黄。在它的界定内，黄河从远古流向今日，尽管也有暴虐，但作为中华文明的摇篮，带给炎黄子孙的却不乏灵性与豪放。

沿着河堤走，赵振业最为感动的是黄河岸边的沙柳。沙柳长不高，但生命力极强；它柔软，但不失筋骨。它平静地在荒瘠的土地上生长。

赵姓家族

据家谱记载，赵姓家族是明代初年间由山西迁至原阳县姚村的。到赵振业这辈，已是赵家第 21 代了。

赵振业的曾祖父叫赵耕云，兄弟五个。后世名讳按金、木、水、火、土排序，赵耕云排行第二，属木。他有四个儿子，长子书林、二儿子书楼、三儿子书檄、四儿子书柜。排行老二的赵书楼就是赵振业的祖父。一家四兄弟，是一个殷实的大家庭。

赵书楼娶司姓女子为妻，1920 年生下一男孩，即赵振业的父亲，取名赵荣宾。不幸的是在赵荣宾一岁左右时，赵书楼英年早逝，年仅 20 多岁。

赵荣宾幼小丧父，因家庭经济每况愈下，书仅念至初级师范肄业，不得不回家种田。他是一个庄稼活的好把式。为逃避国民党抓壮丁，就到村子里的小学校任教，从此成为一名乡村教师。他还喜欢唱戏，是村里戏班子的热心张罗者和司鼓，他常拿出自家的粮食为戏班子换服装或乐器。

赵荣宾是一个忠厚善良的人，教书认真，待人和气，始终是一张笑脸，从不与人争执;鼓励学生，劝说家长，深得学生和家长尊敬，常被评为模范教师。

1957 年，赵荣宾被打成右派，遣送回家接受监督劳动，顶着莫须有的罪名，过着另类日子。

还好，雨过天晴，1963 年摘去了“右派”帽子的赵荣宾又回到了三尺讲台，直至 1990 年卧病。他是三代姚村人的启蒙先生。

2000 年，赵荣宾去世，享年 80 岁。得知先生去世，姚村人都沉浸在悲痛之中。据他的学生卞文河介绍，“赵老师是公认的好老师，知书达理，人缘关系特别好，经常做公益事业，姚村的男女老少都很敬重他。他去世的时候，全村人都自发来到他的灵堂前吊唁，他的学生有的从外地赶来为他送行。村里的村长、书记都参加了追悼会。人数之多，场面之大，创下了姚村丧事之最。”

赵振业回忆说，父亲是一个十分严肃的人，虽然从未打骂过他，父子之间也很少对话，但淘气甚至野性的他却十分惧怕父亲。为了供他读书，父亲宁愿去学生食堂就餐。父亲是教师，却没有辅导过他一次功课；父亲写得一手好字，却没有为他改过一个“仿”。父亲忍受着被打成“右派”的屈辱，却从不向儿子流露。父亲晚年患病的十年中，从未向儿子提出任何要求。

在赵振业心目中，父亲是山，赐予他不屈和坚强的性格；父亲是海，给予他博大宽广的胸怀；父亲是灯，照亮他前行的道路；父亲是书，告诉他人生的意义所在。

父亲去世时，赵振业把脸长时间地紧贴在他的面颊上。明月不归赴偏乐，白云愁色满苍梧。

而对于未能为祖母送葬，赵振业一直心存内疚。祖父去世后，家里兄弟多，因祖母精明能干，成为赵家的内当家。她默默忍受着青年丧夫、孤身育子的痛苦，操持着日渐惨淡的大家庭，直到1940年，四兄弟分了家。那时，赵振业才3岁。一家4口，就靠赵荣宾的薪水和地里的收获生活。赵振业回忆说，祖母性格刚强，十分勤劳。一个小脚女人，不分寒暑，总是姚村起得最早的一个，拿着杈子去拾粪。每天天刚蒙蒙亮，勤劳的姚村人下地时，她已经绕着村寨走了两圈，拾过两杈粪回家了。她终日守在地里，不是给棉花打杈，就是翻红薯秧。在田里收庄稼累了就坐在地上继续收割，权当休息。

赵振业那会儿虽然年纪不大，但他还是能感觉到祖母对祖父的眷恋，她心中深埋着失去丈夫的无限悲痛。舅爷孩子多，生活不大富裕。每年春节前，赵振业和堂弟赵振学总要受命抬上几十斤小麦送到舅爷家去。祖母平生最疼爱的两个人是儿子赵荣宾、孙子赵振业。她无时不在关注他们俩的安全。从记事起，赵振业就一直跟奶奶睡。他整天像野马一样在外边疯玩，晚上躺下来就喊腿疼。祖母总是拖着疲惫的身体为他揉腿直到他入梦。一次赵振业出疹子，反应很厉害，祖母十分害怕，连着三天三夜守在床边，担心魔鬼把他带走。她相信习俗，为赵振业认下不少干爹干娘，认为这样会迷惑魔鬼辨认不出谁是赵振业。姚村距郑州仅40里[①]路，距新乡却达百里。祖母坚持不许孙子去郑州上学，因为去郑州要过黄河，不安全。赵振业只好去了新乡。

赵振业自去新乡上初中后10多年里，和祖母见面的机会越来越少。

祖母靠不分昼夜的辛勤劳动和省吃俭用总算保住了祖上留下的田亩，加上父亲的薪水，日子还算殷实。1953年河南第二次土改，家中成分由中农划为地主，家庭生活仅靠父亲薪水，赵振业上高中后开销增大，从此家里生活大不如前。到1956年上大学后，家里实在无力支持了。1957年父亲被划为右派，遣送回家。一家人仅靠几亩地的收成生活。祖母上了年纪，她实在经受不起连续两次刺激，尤其是不能接受她苦心教养的儿子居然成了右派，她完全崩溃了。赵振业从堂兄赵振邦的信上得知祖母生病了。1959年他趁去洛阳拖

①1里=0.5千米。

与堂兄弟振邦（中）、振学（右）在一起

拉机厂实习的机会回家探望，万万没有想到祖母已经逝去了。因为家里拿不出路费，就一直瞒着他。赵振业想象得到祖母临走时的心情。长叹兮，以掩涕兮，哀天道之不公。他祈愿老人家在那个世界里和她心爱的人补上恩爱。

赵振业母亲吴瑞清，生于1916年，1934年与赵荣宾结婚，比赵荣宾大4岁。一直在家操持家务，先后生了二男一女。老大赵振业，幼子、幼女早年夭折。母亲今年97岁了，身板还挺硬朗，生活能够自理。赵振业回忆说，母亲年轻时多病，乡下郎中医术不高，将她胳膊上扎满针眼。母亲是外婆的小女儿，每逢身体不适或生活艰难，就带儿子去住外婆家。记得一次遭荒年，家里支持不住，他和母亲在外婆家一直住了一年有余。1953年河南第二次土改、合作化后，母亲为生计不得不下田劳作，大跃进时跟随劳动大军到黄河滩上修坝挖渠，风餐露宿。大幸的是身体从此日渐好了起来，到如今更是远离病魔，一年到头连伤风感冒都极少见。80岁那年来北京，居然登上居庸关顶峰。一位老外惊讶不已，特地为她拍照称奇。90多岁高龄，耳不聋，眼不花，算卦先生说她能过百岁。母亲常向他惋惜

父母喜登天安门

身边无女。赵振业深知，这是因为他从 12 岁离开母亲外出上学至今 60 多年来留给她的总是来去匆匆，离别，离别，离别！她忍耐、隐痛、无奈！担心安全，她每每劝赵振业不要回家去看她；担心儿子惦挂，她不让别人告诉儿子她身体不适的消息。赵振业是个孝子，他父亲病危住院时，一直在医院照顾，每天为父亲喂药、擦身、守夜，直到父亲安详闭上双眼，令医务人员和同房病人感动。现在母亲年事已高，这成为他唯一的牵挂，也是他最放心不下的。他多次要接母亲到北京同他一起生活，可老人家执意不肯。她说老家空气好，熟人多，聊天的话题也多。是啊，老人耐得住清贫，却耐不住寂寞。没办法，赵振业只好依了母亲，请乡下婶婶代为照顾老母，坚持每天给母亲一个电话请安。

母亲最开心的事莫过于她有两个重孙子。从赵振业的父亲到赵振业的儿子，赵家已是三代单传，双胞胎重孙宽释了老人多年的心情负担。更深月夜半人家，北斗阑干南斗斜。今夜偏知春气暖，虫声新透绿窗纱。

快乐的小淘气

城里的孩子玩的地方是公园、游乐场，农村的孩子也有他们的乐趣。小时候，赵振业有一群一起玩耍的小伙伴，除了和小他一岁的堂弟振学形影不离外，还有比他大几岁的伙伴一起玩。白天爬到树上掏鸟蛋、骑着树梢摘桑葚，晚上打麦场上捉迷藏、跑几里路到邻村去看戏。初夏季节到田边搓麦仁、燎麦穗，到了深秋跑去地里烧红薯、烧豆角。这是一个很有点技术的活计。先在地上挖一个坑，再修整出一个“灶”，在灶上面放着红薯或黄豆角，再用松土封成一个堡。拣来树枝、庄稼秆烧灶，一时烟雾缭绕。烧一会儿后，用脚将炉灶踩蹋，红薯、黄豆角一齐落入灶下被热土掩埋，闷一段时间后，扒出来吃，味道甘美无比。孩子们一个个吃得黑嘴角，花糊脸，扬长而去。玩起来，赵振业十分投入，十分认真。不仅忘记饥饿，吃饭总要奶奶喊，奶奶找，而且玩热了脱下衣服一扔继续玩，以至玩完了衣服不知丢在什么地方。所以，童年的赵振业是因淘气和丢衣裳而出名。

孩子们还有许多开心的游戏，如围在一起“札方”“炮打洋人”，也免不了下塘捉青蛙、摔跤、打架。记忆最深刻的游戏，就是在地上划一个圆圈，每人放一个古铜币在圈里，在离圈几米的地方划一条线。依次站在线外向铜币抛掷物。掷物是自选的石片、瓦片、铁片等。谁把铜币撞出圈外，这铜币就归谁。小伙伴们争来争去，好不热闹，也为输赢而快乐或沮丧。由于古铜币毕竟很少，孩子们便动起了脑筋制泥币。方法是到寨边上挖些黏土和成泥，反复揉搓，变成胶泥条，然后揉成团。再用两个铜币将胶泥团夹在中间，中间穿一个芯棒，在石板或砖板上滚动几次，脱下铜币后即做出一个带中心孔的圆“泥钱”，然后再把“泥钱”放入灶底烧制成“瓦钱”，或在太阳下暴晒数日成硬“泥钱”。泥钱、瓦钱都很坚硬，不怕撞击。于是，每人脖子上都挂上一串像和尚们的佛珠一样的泥钱，大伙一天玩得不亦乐乎！

同其他小孩子们一样，赵振业最开心的时刻就是过年。盼星星盼月亮，盼着春节的到来。这不仅是因为过年可以穿上少有的新衣裳，吃到白面馍，更因为有很长一段心醉的好日子。照千年老习俗，姚村人过年当然也是自腊月初八开始，二十三送灶王爷升天正式进入准备阶段。谓之“二十三祭灶官，二十四扫房子，二十五换新土，二十六蒸馒头，二十七杀年鸡，二十八贴花花，二十九去打酒，三十捏鼻（包饺子）”。三十晚上要守岁，母亲忙着为孩子们赶做衣服，自己做些收拾准备，天亮会见长辈、亲友。三十晚上可谓“一夜连双岁，五更分二年”。辞旧迎新自然要张灯结彩，燃放鞭炮，求个吉利，晚餐规定是吃面条和饺子，以示送则饺子，迎则面条。难得一家人团聚在一起说今论古，盘算家计，推盅换盏，其乐融融。

小学同学卞文河（左一）、卞文安（左二）忆童年

正月初一起五更，大家比着起早图个开年吉利，起床第一件事就是吃饺子，个别饺子里面包着古铜币，谁吃到这个饺子，开年有福。大年初一，各家都要到家庙给祖宗烧香、磕头。晚辈们都要到长辈家给长辈磕头。全村异性人家也都要到各家磕头问安，以答谢一年来邻里的帮衬，以礼求得来年乡亲们的照顾。从五更一直要到中午，可算是最累的一天。磕头后，通常长辈们都会给晚辈一些吃的，如芝麻糖、花生之类，有的还会给个小红包。大年初一，村子里还有“一班人”列队敲打锣、鼓、钹等各种乐器，吹着唢呐在村子里转圈。家家户户还放鞭炮，小孩子们去争拣那些没燃着的鞭炮，装进自己衣裤袋里，留着一个一个点着放，可开心了！

正月初一到初五不许动刀用剪，这样可让劳累一年的主妇们留几天休闲的功夫，也是走亲访友的时节。穿新带花，一路上喜气洋洋。正月十五年过半，这一天是过年的又一高潮。正月十五又称灯节。这天晚上是灯的世界，太阳一下山，家里处处是灯，屋里屋外、台上台下、门前门后，连水缸里也要浮上盏灯，可谓火树银花不夜天。殊不知，这些灯是用粟米面捏成杯状，上笼蒸熟后在杯中央插上一枝麦秆，顶上裹上棉花，然后杯中灌满食油，点亮。灯烧了几个小时后灭了，杯被烧得焦黄，香味扑鼻，孩子们拿来解馋，也用来打点乞丐。

正月十五晚上还是青年男女活跃的时光。他们从“奶奶庙”的座台上偷下一只瓷娃娃，诡秘地摸进新婚夫妻的卧室，将瓷娃娃藏进被窝里。来年如果这对夫妻真得子女，就要宴请偷瓷娃娃的青年们，而且还要买两个新瓷娃娃放到“奶奶庙”的座台。一闹就至半夜，好不热闹。

正月十六才是小年，家家起五更，白天是一天的游艺活动。

春节结束在正月十九，那天叫“天苍”，意思是新一年的农家活计开始了。这天，家家户户都会在自家房前屋后及房里各处点上灯，这是最后一次灯会。大年三十把老祖宗请回来享受合家欢乐，这天晚上要送别老祖宗回去清闲。

回忆起童年，赵振业说小时候最爱喝的是胡辣汤。一旦听到卖胡辣汤的吆喝声，就会寻声而去。胡辣汤是中原地区小吃系列中的一绝。它源于清代，大兴于民国初年，之后花样不断翻新。至今若行走在大街小巷口，随处都能见到它的身影。

无论是春、夏、秋、冬，中原城镇的大街小巷，胡辣汤摊点总是星罗棋布。清晨，当各大饭店宾馆酒店的大门还是紧闭时，胡辣汤的香味便已四散飘开，吸引着人们的食欲。临街大棚，青砖铺地，散放着数十张桌凳。干净的碗筷，涌动的食客，火热的场景。正宗的、有名气的胡辣汤摊点前，总是挤满了人，真可谓一碗难求啊！如果能吃上“包子、油馍、胡辣汤”，那真是一种持久回味的惬意。

北舞渡胡辣汤是中原老字号了。它起源于清道光 5 年（公元 1825 年），当时山西、陕西两省的商贾在此创建了一座山陕会馆，会馆落成后，大宴宾客，此间太原府的一名大厨做了一道深受名流绅士称赞的汤，这道汤就是胡辣汤。经过 100 多年的发展，现在北舞渡的胡辣汤又分为闪家、丁家、吕家和宛家四个专业大户，其中又以北舞渡隆源斋闪记胡辣汤最为有名，在胡辣汤市场独树一帜。

据老人讲，传统的胡辣汤是由大铜锅盛装的，嵌在一辆红色推车上，下面用炭火煨着。卖汤人素衣白帽，手持一把大木勺，在汤锅里搅三搅，“哗”，一碗热气腾腾的胡辣汤便盛好，递在喝汤人手中。技艺高超的卖汤人是不会在碗边留下汤汁的。如今，在郑州、漯河、平顶山、许昌、襄城县等开设的北舞渡胡辣汤店（摊）已成为当地人们早餐的首选。

从味道上讲，由于北舞渡的胡辣汤用了较多的胡椒，辣味十足。胡辣汤另有一个雅致的名字，叫八珍汤，叫八珍自然夸张，不过这也说明胡辣汤“内容”很多。最常见的有面筋、海带丝、粉丝、千张丝、花生米、香菜、姜末、榨菜等。根据节令和地域的不同，还会有牛（羊）肉、黄豆、木耳、黄花菜、菠菜、萝卜条、葱花等。做法很繁琐，先用淡盐水和面，揉成面团，然后不断加水“洗”出面筋。水烧开后下面筋，面筋熟后将洗面筋的水，也就是稀淀粉糊倒入锅内，小火烧至汤汁黏稠，再放入其他配料，旺火烧沸。胡辣汤盛到碗里后，还要淋香油、香醋等，喝起来黏糊糊、香喷喷。辣是它的主要特征，但那种辣并不像吃重庆火锅那样辣得让你跳脚，而是辣在嘴里，美在心中。喝这种汤一般都要加点醋，辣中透酸，酸中有辣，再加上各种原料的综合反应，香、滑、绵、润，于吞咽之余又有东西可嚼，十分满足。胡辣汤还有另外一种吃法，把半碗胡辣汤和半碗豆腐脑儿掺在一起，叫做“两掺儿”。卖胡辣汤的常捎带卖豆腐脑儿。拿小勺稍微搅和一下，豆腐脑儿的细腻、清淡、微苦涩与胡辣汤的黏稠、酸辣、鲜香交替刺激，更增滋味。在冬日的清晨，一碗胡辣汤下肚，额头上会渗出细细的汗来，身子暖了，胃口也开了。

此外，有名的还有西华县逍遥镇胡辣汤、开封胡辣汤、许昌胡辣汤、南阳胡辣汤。西华县逍遥镇胡辣汤最负盛名的是杨家胡辣汤，它用羊肉鲜汤加清水和辅料经武火熬制，锅大开后，再将洗面筋沉下的面浆徐徐勾入锅内。待稀稠适度，再加入胡椒粉、五香粉搅匀。食用时淋入香醋、香油，酸辣鲜香，风味浓郁。开封胡辣汤和逍遥镇胡辣汤制法大同小异，只是把千张丝换成了炸豆腐，喝起来有一股浓郁的豆香味。许昌胡辣汤用两个字形容比较合适：稀、辣。汤稀得可以清楚地照见你的瞳仁，浮在汤上面的胡椒粉颗粒清晰可辨。喝一口你会觉得喉咙里像被塞了烙铁，火烧火燎地灼痛。南阳胡辣汤也是以羊肉汤提鲜味，以胡椒粉提辣味，在原料选择上更为简约明快：熟羊肉（牛肉）和面筋照例是要的，粉条改用粉皮，千张豆腐都弃之不用，而以黄花菜代之。浓淡适口，胡辣鲜香。

说到童年的生活，赵振业津津乐道，仿佛回到了那充满欢乐的童年，这也许是他对童年那种天真烂漫、无忧无虑生活的深深怀念吧。有人说，人最大的幸福是回到故乡，这种幸福来自留在内心无法抹去的烙印，像母爱，又胜似母爱！

正因为如此，古人才有“举头望明月，低头思故乡”的苦思，才有“独在异乡为异客，每逢佳节倍思亲”的独愁，才会有梦绕魂牵，常盼返归日的企望。

第二章

求学之路

人之初

赵振业昔日的家乡土地贫瘠，兵匪横行，乡亲们家徒四壁，缺吃少穿。但村里始终延续着尊师重教的良好风气。不仅校舍整齐，而且舍得让出百亩土地作为学资，推选出信得过的长者来监学。谁家的孩子书念得好、字写得好，都会成为大人们夸奖和孩子们效仿的对象。

之前，村里有私塾。赵振业先在私塾念过几个月的“人之初”。姚村小学算是一所完小，也就是从一年级到六年级都有。1944 年，他该上学堂了，取什么学名呢？振国、振家、振邦？振字辈的几个小家伙争来争去，最后取振业。农村小学教室简陋，编班也不严格，一个教室里可能会有几个年级的学生。老师上课先上一个年级的，之后再上另一个年级的。课桌也不统一，有的是正规的木桌子，有的就是砖垒的，上面放一块木板。

老师对学生们要求很严格，每天早晚都有自习课。农村学校非常重视认字和写字，送孩子上学的目的是不当睁眼瞎，能看明白地契和账簿，会写信，免得受人骗、受人欺就行了。

小学生的学习十分认真，冬天天不亮就去敲同学家的门，约着一起去上学。晚上双双对坐在小煤油灯下，相互背诵课文。日程总是排得满满的，早起入校早自习，背课文；上午上课；午饭后描“仿”练毛笔字，写日记；下午上课，课后老师当众改“仿”；晚饭后晚自习。一天好不忙碌。小家伙们手上、衣服上总免不了墨迹黑黑。背不下课文，课堂上不守规矩，老师提问答不上来，课余活动打架的学生都要挨戒尺（打手板）。有时把小手掌都打肿了，家长虽心疼却不埋怨老师。

有一次晚自习，几个淘气的孩子站在课桌上唱戏，被老师发现后，罚全班背课文。

有一次村里南北两部的小学生集体斗殴，拳脚之后，各据一方，隔着掩体，把土坷垃、瓦块甩得你来我往。其间，有两位青年介入支持攻击对方。第二天，学监（校董）叫来那两位青年在孙中山像前罚跪一天。学校规定，家长和非师生人员不得擅自入校。这一规定被十分严格地执行着。小学生在家受气待在学校里不出来，家长都不敢进去。

赵振业如今还清楚地记得他的四位启蒙老师：胡百纯、任文焯、何泽钦和他的父亲。

胡百纯是位备受学生称赞的教师，教历史课从不拿书，也不照本宣科，讲课如同讲故事，孩子们总是听得十分入迷，容易记忆、经久不忘，效果极佳。直到现在，赵振业这班同学聊起胡老师还是赞不绝口。

任文焯教算术，条理清晰，人也和蔼，从不体罚学生，受到学生和姚村人的爱戴。后来才知道他是黄埔军校第八期毕业生，原是国民党东北某部队的一位连长，娶了位年轻漂亮的东北媳妇。河南解放前，他带着老婆回到老家原阳县，在姚村小学当老师。生有一个女孩。“反右”时，他被诬陷为“历史反革命”，判刑20年。地主兼反革命的老婆在家难以为继，就带女儿回东北投靠亲友去了，在东北再结婚，生子。任文焯平反办离休后曾到东北寻找妻子和女儿，但却只身回到老家，前妻积怨成疾，第二年就辞世了。说起来，赵振业心里都酸酸的，觉得老师太“凄惨”了。

何泽钦是教自然的，教了不长时间就调走了。

父亲教语文、地理，让学生们背“模范作文”，什么“头悬梁、锥刺股”，什么“凿壁借光”，胡适先生的《差不多先生传》，冰心女士的《小桔灯》《繁星》。小学生们整天“匡衡穷，匡衡穷，匡衡人穷志不穷”念个没完。

得四位教师的教育有方，姚村很多年轻人走上了工作岗位，是附近在外工作人数最多的一个村。赵振业进小学堂念书后，虽然放学回家后野性并未改变多少，但从未因学习挨过戒尺，考试成绩总在前一、二名。升高小时赵振业赴盐店庄镇招生考试，获第二名；赴原武县招生考试获第二名，后经查出第一名为其上初中的姐夫代考。赵振业那时候年纪小,不知道如何念书,只知道课堂上听老师讲，不走神，下课却不知道复习。

姚村人称孩子们上学是上“笼套”，因为他们再也不能在家里、地里瞎闹了，给村里人减去了不少麻烦，家长省了不少心。一上学，孩子们确实变得文明多了。玩的玩意儿也变了。赵振业记得最清楚的玩法是“推铁环”。孩子们总可以从什么地方找来一个木桶箍，家长再用粗铁丝弯一个推手把就行了。小学生们推着铁环在大操场上飞跑，高兴极了。边跑边唱:“滚铁环，滚铁环，铁环铁环团团转，一转转到五台山。小眼翻翻，两眼看看，摘了一朵红牡丹。慢慢慢，莫要采，放它留着大家玩！”

新 乡 就 读

解放前，姚村属河南省广武县辖，是该县在黄河北唯一一个区中的村庄。解放后归平原省原阳县。新乡市是平原省省会。新乡建市历史不长，但新乡悠久的历史，灿烂的文化，给新乡留下了丰富的人文资源。

抗日战争时期，著名爱国将领冯玉祥曾经驻扎新乡，军队据点在辉县，而冯玉祥本人办公的地方则在新乡老公园南门，建国后改为图书馆。

赵振业是地地道道的乡下人，1950 年来到新乡上学，那可是大开眼界。

宽阔的道路纵横交错，四通八达。绿树掩映中，成排成片的高楼把这里装点成一个兴旺的城市。鳞次栉比的商场、文化宫、图书馆、电影院、体育场，宁静的小学、中学、大学……令赵振业目不暇接。

赵振业考入私立河朔中学，1952 年高中部升入平原大学后改为公立新乡市第三初级中学。同村的卞文安、万秀堂同时入学，编在了同一个班。

与高中同学在一起（后排左一）

入校后不久，赵振业发现不少同学课余时间在看连环画（俗称小人书），在老家念小学时从未看过，觉得挺新鲜。他就向同学借来看，一看就着了迷，看得如醉如痴，爱不释手，有时连饭都顾不上吃，有得空闲还到小摊上租小人书看，小学养成的只知听讲，不知复习功课的习惯没有什么改变，所以，第一学期期末考试成绩仅列第五名。

1951年春节和往年一样，村里一直热闹到正月十九才算结束。赵振业父亲带领着戏班唱戏，不让小演员卞文安按时到校报到，赵振业当然也不能去上学。待过完年去上学时，学校早已开学，学校不同意报名入校。没办法，只好被领去原阳县中转学。由于县中同样也不接收，只好又回到新乡，托人说情，总算回到学校。说起这事，赵振业都有些后怕，差点因此上不成学。后来，班主任在批改赵振业的日记中曾写道，之所以让他们回校是因为他的成绩好。

卞文安说，“赵振业在新乡读书时可用功了，脑子也好使，每次考试成绩在班里都是数一数二的。他与同学们相处很好，无论是男同学还是女同学，年龄大的还是小的。因他年龄小个子又小，班里同学都叫他小赵，不叫他学名。赵振业爱好运动，喜欢打篮球，有一次打球，把门牙都打掉了。”可谓学得认真，玩得痛快。

赵振业一天不知忧愁，爱和同学们打打闹闹，给同学们两个很深的印象，一是学习好，二是淘气。三年级要毕业了，同学们都在努力学习准备升学，进步都很快，唯他因打闹受到班主任老师的批评。初中三年稀里糊涂就过去了。他确实没想过升学的事情。初中毕业一放假，赵振业就回家去了。赵荣宾看到儿子这个样子毫无办法。找工作，年纪太小，个子也小。继续上学吧，家庭经济条件困难。和大伯父商量后，咬咬牙还是让他继续念书。赵振业考入新乡第一中学。

新乡市第一中学建于1940年，现在是河南省首批命名的省级重点高中之一，曾经被评为全国模范单位、全国先进单位，受到过国务院及河南省政府的嘉奖。多年来，新乡市第一中学为高等院校输送了一批又一批高素质的优秀人才，尤其是在竞争激烈的高考中，创下了8年中夺得4个河南省高考理科状元的辉煌成绩。其中，

1998年、1999年、2000年连续三年夺得河南省高考理科状元，创下了三连冠的突出成绩。

赵振业当年所在年级共6个班。甲、乙、丙三个班由原新乡一中升入，丁、戊、己三个班由其他学校考入。甲、戊两个班成绩最好。赵振业所在戊班班主任是数学老师张恒锋，张老师常在班里夸甲班学习好，这让戊班的同学很“不服气”。全年级的考试结束了，张老师不再讲夸耀甲班的话了，班上同学猜一定是戊班成绩最好。

不知是年龄的关系，还是受教室正前方墙上“为祖国而学习”标语的激励，上高中后，赵振业似乎有点学习的样子了，晚自习也在用心做作业。班主任张老师似乎喜欢他，还让他负责制订班里的学习计划，每周排出一个复习功课的时间表贴在教室前面墙上，让全班同学执行。学校常会有“观摩教学”活动，有一次，张老师的“观摩教学”课堂上，他第一个被叫起来回答问题，没想到他的回答却让老师大失所望。即使如此，张老师还是常常表扬他，夸奖他的几何题解法比老师的解法更好。

大概是小学时重视语文的原因，初中、高中期间的每周一次作文课，赵振业总能按时完成。有一次作文课中，他出去更衣，路过隔壁己班教室的窗口，正好看见老师在讲数学考试成绩，就站在走廊上隔窗和一位同学说话，不想恰好被教语文的姬老师外出看个清楚，当他回到座位上时，就看到他写了一半的作文已被老师撕掉拿走了。他知道自己错了，赶快重写交了上去。不过，姬老师还是很欣赏他。一次发语文考试答卷，讲了考试情况后，从他手中拿走答卷跟大家说，赵振业同学的这份就是标准答案。

高三毕业前，学校招收留苏预备生。一位党员老师找他谈话，了解家庭情况，他如实报告了家庭及社会关系后，事情也就结束了。赵振业虽然学习好却没被选上。这件事对他震动很大，感到了家庭、社会关系的影响。

赵振业上高中后开始看小说，《三国演义》《水浒传》《西游记》《红楼梦》《钢铁是怎样炼成的》《暴风骤雨》《太阳照在桑干河上》……赵树理、冰心的作品也读了不少。

赵振业在新乡念中学时印象较深的还有“抗美援朝”“三反五反”“公私合营”“增产节约”等各项运动。1950 年 6 月 25 日，朝鲜内战爆发，美国随即进行武装干涉，并派遣海军第七舰队侵入我国台湾海峡。6 月 28 日，中国政府发表声明，对美国侵略行径进行严厉谴责和抗议。10 月上旬，中共中央做出抗美援朝、保家卫国的战略决策。10 月 8 日，毛泽东主席发布命令，将东北边防军组成中国人民志愿军，任命彭德怀为司令员兼政治委员。10 月 19 日，中国人民志愿军入朝和朝鲜人民军并肩作战，抗击美国侵略者。同时，在全国掀起了轰轰烈烈的抗美援朝群众运动。大批青年工人、农民和学生踊跃报名参加志愿军。经过 3 年的浴血奋战，终于把美国侵略者打到三八线以南。1953 年 7 月 27 日，美国被迫在朝鲜停战协定上签字，中国人民的抗美援朝战争胜利结束。那时，学校经常组织学生上街游行，高呼“打倒美帝国主义！”，高唱“雄赳赳，气昂昂，跨过鸭绿江，保和平，为祖国，就是保家乡……”志愿军战歌，打腰鼓扭秧歌，欢送志愿军赴朝作战。班上几位年龄大点的同学毅然参加了志愿军。晚上，几位同学会隔着商店的门缝看“打老虎”，有职工们批斗奸商卖假药、假卫生用品伤害志愿军，建筑物偷工减料等不法行为。假期中，同学们还到各成就展览会上去当讲解员。

西北工业大学的穷学生

1956 年，赵振业和同班三位同学一起考入西北工学院。赵振业在四系热 101 班，吴显祖、詹家骅在热 102 班，李超云分在机械加工专业。

八年同窗吴显祖（左）、詹家骍（中）

据史料介绍，1938年，国立北洋工学院、北平大学工学院、国立东北大学工学院、私立焦作工学院在汉中组建国立西北工学院，1946年迁至咸阳，1950年更名为西北工学院。

赵振业考上大学的消息不胫而走。姚村沸腾了。因为他是村子里有史以来第二个考上大学的人。连外村的亲友也都知道了。

赵振业说，父亲对他考上大学是喜忧参半。喜的是儿子考上了大学，自己脸上有光，尤其是证明自己的儿子不是纨绔子弟，在外上学多年有了结果；忧的是家里穷，怕供不起。因为他知道，村里卞嘉安念大学那是用银元（袁大头）堆起来的呀。

赵振业临行时，父亲给他的钱只够到西安的路费，衣服很少，防寒的只有父亲穿过的一件旧棉袄。父亲说："家里仅有的这点钱你拿着吧。到了那里如果有助学金，有人管饭，你就在那儿上学，不行就回来。"

西去的列车在原野上飞奔。

他带着希望与憧憬来到了陕西咸阳古城，走进了他梦寐以求的大学殿堂。

咸阳位于陕西省八百里秦川腹地。渭水穿南，峻山亘北，山水俱阳，故称咸阳。它东邻省会西安，北与甘肃接壤，是古丝绸之路的第一站，我国中原地区通往大西北的要冲。

上大学是赵振业多年的夙愿。令他欣慰的是学校有助学金，不用交学杂费，饭随便吃不限量，伙食比老家过年都要好。这使他心中的一块石头落了地。他立即把这些情况写信告诉了父亲，以免家人担心。

大学的生活丰富多彩，周末有舞会，有歌咏比赛。赵振业只喜欢运动场上的运动，对跳舞不感兴趣。大一下学期学校搞“大鸣大放”，后来有的同学被打成了右派，有的还被开除。

班篮球队喜获校冠军（前排右一）

1952 年，交通大学、浙江大学、南京大学的航空工程系在南京组建华东航空学院，1956 年迁至西安，更名为西安航空学院。

1957 年 10 月，西北工学院与西安航空学院在古城西安合并成立西北工业大学（简称西工大）。

1970 年，哈尔滨工程学院航空工程系又整体并入西工大。西工大便成为我国唯一一所以同时发展航空、航天、航海工程教育和科学研究为特色，以工程为主，管、文、经、法协调发展的研究型、多科性和开放式的科学技术大学。

大学同学合影（后排右一）

1958年，赵振业刚从咸阳到西安西工大不久，就遇到轰轰烈烈的“大跃进”。大炼钢铁遍地开花。他们班派了一些同学到企业去炼钢，没去的就在学校旁边搭起一个小土炉，里面放上些破锅烂铁，下面烧柴火加热，等里面的铁被烧得接近熔化时取出来用铁锤打成一块块铁疙瘩就算是钢了。同学们说是分几班作业，其实接连两三天谁也不能合眼，累得眼前直冒金星。

接着是到学校的实习工厂参加铸工劳动，赵振业当浇铸工。一次，他和另一位同学抬一包铁水，大约60千克重，刚开浇，突然铁水外溢，一个液滴溅到他腿上，很快烧着了保护腿用的“护片”，因怕一包铁水报废，硬是忍着痛浇完了铸件。扑灭火，送医院检查是三度烧伤，住院近一个月。这是他生平第一次住院，至今腿上还留着一块伤疤。

赵振业所学的是金属学及热处理专业。教热处理的是康沫狂老师、教金属学的是陈铭谟老师、教X射线的是张宝昌老师、教合金钢的是柳克平老师。因他们学识渊博，被称为专业教研室的“四大金刚”。

康沫狂教授是西工大金属学及热处理专业的缔造者、教研室主任。赵振业回忆说，康老师十分勤奋，学识渊博，不仅重理论、重教学，还重下工厂解决实际问题。因此，热处理课教得深入浅出，实用性很强，同学们都很喜欢。记忆特别深刻的是关于奥氏体向马氏体转变中的 M_c 点。M_c 点是马氏体转变开始 M_s 点和结束 M_f 点间的一个特征温度。如果淬火钢冷却过程中在 M_c 点以上温度停留会引起奥氏体陈化，减少随后转变成的马氏体量。赵振业在后来研究钢的热处理时曾考虑过这一现象，但未进行深入研究。若干年以来，很少有人再提这一现象。赵振业研究控制相变超高强度不锈钢时特别注意到了 M_c 点现象，而且西方资料报道中也少见地提到这一现象。想到这一现象，赵振业就想到了康老师。

赵振业慢慢长大了，上大学后知道学习了，五年中一直刻苦学习。入校后老师介绍说，大学学习真正是“师傅领进门，修行在个人”。他遵照这一原则，除了上课就是泡在图书馆里。老师布置的作业做完后，还总是要多做一些；老师讲课的内容复习完后，还总是要另外多学一些。金属学课老师指定参考书是博奇瓦尔的《金属学》，赵振业又另外学完了施坦别尔格所著的《金属学》。刚进大学一年级学微积分，老师总是留下很多作业。他就利用星期天起早到教室去做题。熟能生巧，一次，有一个微分变换题比较难做，他花了很长时间终于解出来了。班上有位要好的同学高振中，是团支委，和同学们都合得来，每到期终考试总要约他一起复习功课，俩人一起总是学到很晚。困了，高振中就和他一起念鲁迅先生的《韧》中的一段话，以互相鼓励，坚持再多复习一会儿。

1959 年，大学里教育革命搞得很热闹。在党员同学带领下，赵振业班上同学就自编教材《铸工学》，批判教课的郑宗慧老师脱离实际。很有意思的是，自编的《铸工学》中说中国炼铁最早可追溯到古代炼金术，郑老师还提醒说，古代炼金术指的是炼铜不是炼铁。后来，同学们又向教研室提意见，要求增加新的教学内容。为此，马世良老师新开了一门原子物理学，讲了量子力学、能带理论等，杨铮老师开了一门位错理论课，等等。至今，赵振业还对两位老师心存感激之情，因为这些课对他的启蒙作用甚大。

专业教研室的“四大金刚”经常接受委托进行新材料研究。赵振业也较早地参与了有关的研究工作。因为假期要勤工俭学，也帮助老师做些实验，因而实验室的金相设备他全都使用过。跟着康沫狂教授，刘德清、秦熊浦等老师学习搞科学研究，并以一个高强度钢课题完成了毕业论文，获优等成绩毕业。在做毕业论文过程中，赵振业经历了从查阅资料、了解合金成分设计、制备、热处理到组织与力学性能实验等全过程，尽管这个过程看似简单，但重要的是培育了赵振业对科研工作的感情与兴趣。

赵振业当了五年穷学生。大学五年中，他没买过一件衣服，没到电影院看过一场电影，尽管当时票价仅一毛钱。除大三时学校组织到洛阳实习，顺道回一趟老家外，一直没回过家。寒暑假为老师刻讲义,挣些钱买书。他还穿过同学的衣服,一个圆领衫穿一个夏天。有一年实在没衣服穿了，就给家里写了信，妈妈不知从哪儿弄了一块紫红色花布，缝了件衣服寄到学校。看到这件衣服，赵振业哭笑不得，穿吧，怪不好意思，不穿吧，又没别的衣服，只好硬着头皮穿。同学们都把他当成了“另类”。贫困并没有阻碍他矢志科学的决心，反而锻造了他钢铁般的意志。

人们都熟知，西安是陕西省省会，世界著名的历史文化名城。西安所在的关中地区素有“中华民族摇篮”之誉，是中华民族的重要发祥地，有着 3100 多年的建城史，闻名遐迩的“丝绸之路”也是以西安为起点的，西安是与雅典、罗马、开罗齐名的世界著名历史古都。因为建都历史悠久，文化遗存丰厚，使得古都西安在我国众多的历史文化名城中不同凡响，其独特的古都风貌备受古今中外的文人、游客所称道。

西安拥有许多国内仅有、世界罕见的稀世珍宝。秦始皇兵马俑坑被誉为“世界第八大奇迹”。汉长安城遗址、唐大明宫遗址、大雁塔、小雁塔、曲江池、西安碑林、明西安城墙、钟楼、鼓楼、化觉巷清真寺及西安旅游区内的黄帝陵、汉茂陵、汉阳陵、唐乾陵、唐昭陵、法门寺等景点驰名中外。自然景观资源则以与人文景观相互交融为特色，境内及附近有西岳华山、终南山、太白山、王顺山、骊山华清池、楼观台、蓝田溶洞等风景名胜区。

赵振业早就仰慕西安的美好风光，渴望有朝一日能到西安一饱眼福。然而到西安后，他把整个身心投入到了学习之中，无暇光顾那些令人神往的美景。他在咸阳、西安整整五年却没有到过这些景点游玩过。学校对他的毕业鉴定是："学习努力，成绩好，有较强的独立工作能力。"

提起大学五年学习，赵振业感慨地说，人民助学金让他念完了大学，西北工业大学让他开始认识社会，金属学及热处理教研室的老师们给了他专业知识，同学们给了他友谊，他不敢忘记！他十分庆幸他五年大学过得充实，为日后从事科研工作奠定了扎实的基础。

第三章

步入科研殿堂

入　伍

为集中有关方面的科技力量、加速发展我国国防科学技术研究工作，增强我国武装力量的威力，中央于1960年12月20日批准以第三机械工业部和第一机械工业部有关研究机构与海军、空军、通信兵有关研究机构组成航空研究院、舰艇研究院和军事无线电电子学研究院。航空研究院番号为国防部第六研究院（简称六院）。

1961年6月，航空研究院正式成立，中将唐延杰任六院院长。六院总部当时设在天津卫国道一个兵营里。

天津始于隋朝大运河的开通。在南运河和北运河的交会处、现在的金钢桥三岔河口地方，史称“三会海口”，是天津最早的发祥地。唐中叶以后，天津成为南方粮、绸北运的水陆码头。金代在直沽设“直沽寨”，元朝设“海津镇”，是军事重镇和漕粮转运中心。

从明朝永乐二年（1404年），作为军事要地，天津开始筑城设卫，称天津卫。1860年，天津被辟为五大通商口岸之一后，西方列强纷纷在天津设立租界，天津成为中国北方开放的前沿和近代中国“洋务运动”的基地。由天津开始的军事近代化，以及铁路、电报、电话、邮政、采矿、近代教育、司法等方面建设，均开全国之先河，天津成为当时中国第二大工商业城市和北方最大的金融商贸中心。

1949年新中国成立后，经济建设和社会事业全面发展，进一步巩固了天津作为中国重要的综合性工业基地和商贸中心的地位。

天津市地处华北平原东北部，东临渤海，北依燕山，距北京120千米，是拱卫京畿的要地和门户。天津建城设卫之前，天津港是京杭大运河的一个内河港口。

天津位于海河流域下游，是海河五大支流南运河、北运河、子牙河、大清河、永定河的汇合处和入海口，素有“九河下梢”、“河海要冲”之称。

光阴似箭，岁月匆匆。1961 年夏天，赵振业大学毕业了。同班同学有的分到了工厂，有的留校任教。同学们纷纷打点行装，走出校门，奔向工作岗位，以自己所学服务社会，个个都很激动。当时大多数同学都离校了，赵振业却迟迟没有得到分配去向的消息，很是着急。令他没有想到的是，自己出身不好、父亲又顶着“右派”帽子，却被分配到了部队。9 月底，赵振业来到天津中国人民解放军 4847 部队报到，穿上了军装，成为一名名副其实的中国人民解放军准尉军官。他在这里集训了一个月。参加集训的都是来自全国各地的应届大学毕业生，配有辅导员。赵振业是最后一批，住在交通旅馆，吃在登瀛楼饭庄。集训期间没有学国防军事知识，而是学习时政，谈论专业、入伍之类的事。辅导员告诉大家，入伍自愿，不愿入伍的人可以自由选择单位。

天津集训留影（后排右一）

就这样，10 月底，赵振业穿着一身绿军装来到风景秀丽的北京西山脚下的六院第六研究所，圆了他当一名科研工作者的梦想。

他在大学实验室与康沫狂老师一起做高强度试验，就与高强度钢结下不解之缘，而今被分配到结构钢、不锈钢组，从事高强度及超高强度钢研究，更是令赵振业心满意足。

赵振业（右二）与同分配到621所的濮汝厚（左二）等在一起

第六研究所（简称六所）前身为第二机械工业部第六研究所，1956 年 5 月 26 日在北京东皇城根北京工业学院旧址礼堂宣布成立，是国家“一五”期间重点建设项目之一。1957 年后迁至北京西郊冷泉原第二机械工业部第四研究所（1957 年 4 月撤销建制）所在地。

1961 年 12 月 21 日，第六研究所正式列入部队编制，番号为中国人民解放军 4059 部队。1962 年 7 月 15 日，按总参谋部 1962 年 4 月 23 日通知，六所番号改为中国人民解放军总字 927 部队，并从部队抽调了一批富有经验的政工和行政干部到所加强工作。

1965 年 6 月 30 日，六所全体军人集体转业，脱下军装，取消总字 927 部队代号，部院合并，改为第三机械工业部第六研究院第六研究所。此后，六所又先后更名为第三机械工业部 621 所、航空工业部 621 所、航空航天工业部 621 所、中国航空工业总公司 621 所，1996 年更名为北京航空材料研究院（简称航材院）。

如今，作为我国面向航空的综合性材料研究机构和最大的材料工程研究中心之一，航材院主要从事飞机、发动机和直升机用先进材料、工艺、检测评价研究，具有高性能材料的小批量生产和高难度重要部件的研制与开发能力，承担着大量国家重点科研项目和军民两用技术研发项目。

深深印记

赵振业踌躇满志，怀着干一番事业、报效祖国的心境进入621所时，正遇上所里认真贯彻落实中央政策，在甄别“摘帽子、解疙瘩”中，为在“反右倾”运动中、“兴无灭资”斗争中、“大跃进”中受到错误批判和处理的人平反，给予信任，量才委以科研任务，或者恢复技术领导职务。

当时，所长黄若暾针对“大跃进”中严重违背科学规律、盲目蛮干的教训，在调查研究之后，总结并提出了科研工作“十字要诀”，即：料、成、工、材、设、记、性、总、产、车。料，就是资料的掌握。即在研究题目开始前，制定研究大纲，试验研究工作开始后，以及在作总结时，都应不断收集资料。成，是选定材料成分。要求成分的确定及变化途径在研究大纲中就应明确规定。工，是工艺。金属、非金属都有自己的工艺。在试验过程中，对已定型的工艺规范应严格执行；对未定型的工艺规范，如需改进、修改，要经过技术人员和工人的讨论研究，并经过一定的批准手续才能实行。材，是原材料的准备。除了要保证原材料的及时供应之外，还要保证材料的纯净度。对原材料的要求在工艺规范中应有规定。设，是设备条件。标准设备要配套，非标准设备的设计一定要做到使用、设计和制造单位三结合。记，是试验及工艺记录。要求记录越详细越好，而且一定要定期汇总综合分类整理。性，是合格的性能。总，是总结。其目的有两个：一是全面细致地把全部研究过程记载下来，二是对研究成果下结论。产，是小批生产。是在材料已定型，工艺已初步掌握，且在相当于成批生产材料的条件下，将材料制成半成品，再由航空工厂制成零、部件，以通过航空工厂的一系列热、冷加工考验，符合航空产品设计图样的要求。车，是试车、试飞。将航空零、部件装到发动机或飞机上试车、试飞，以考验材料。

1961 年，621 所在学习和贯彻中央关于自然科学工作若干政策问题的批示，聂荣臻副总理报告和中国科学院关于科研工作的十四条意见（简称十四条），以及六院颁发的《航空研究所暂行条例》之后，更进一步认识到坚持贯彻技术民主和技术责任制，培养严肃的态度、严密的方法和严格的要求的“三严”科研工作作风，不断改进科研管理的重要性。于 1962 年年初制订了《题目研究管理细则》（简称细则）并在全所试行。《细则》分为“题目研究的准备”“试验研究”和“结束”三个阶段。

准备工作阶段，着重强调要制定好研究工作大纲，并作为检查准备阶段完成的依据，没有大纲不能进行试验研究工作。试验研究阶段，着重强调了加强科学分析和贯彻“三严”精神。结束阶段，着重成果落实。对每个阶段的工作都提出了具体的要求。

《细则》贯彻之后，取得了一些效果，但在实践中又发现了一些不够完善的地方。后来又做了进一步的修改和补充。三阶段为：研究准备阶段、研究试验阶段、扩大试验和成果试用阶段。三个阶段的具体工作共 20 条，每条均有细则。形成了《研究工作程序三阶段二十条》（简称《研究工作程序》），为了更好地出成果、出人才，以《研究工作程序》为中心，还制定了《研究室管理细则》和《研究室政治工作程序和方法》，构成了一套比较完整的研究所管理办法。《研究工作程序》的贯彻执行，一扫“大跃进”遗留下来的种种弊病，使科研工作出现了新局面。

“十字要诀”、《研究工作程序》给刚参加工作的赵振业留下了极为深刻的印象。当时的科研工作过程有章可循，科研学术风气浓厚，特别是老一辈科研工作者兢兢业业的事业心，严谨细致、一丝不苟的科学态度更是深深地影响了他。

赵振业说，自己的运气很好，刚参加工作就赶上整顿研究秩序，强调“出成果、出人才”，鼓励科研人员“冒尖”，鼓励“葡萄式”研究成果，并且提出了“为科研服务，为科研工作者服务”的口号，为科研工作创造了一个良好的氛围，为科研人员创造了一个良好的环境；而强化科研人员的试验“基本功”，又使科研人员能够做出可靠的试验数据，获得更好的研究成果。

20世纪60年代的621所

赵振业当时所在的第一研究室是一个综合、封闭的黑色金属材料和铸造工艺研究室。有结构钢与不锈钢、变形高温合金、铸造高温合金、熔炼工艺、铸造工艺、力学性能试验、金相和试样加工等专业组。从合金成分设计到力学性能评价都在室内完成。只有做变形性能、焊接性能、全面性能试验才到物理性能室、力学性能室，也只有当拥有这些实验室的试验结果并满足要求时，材料才能拿到所外使用。这使得研究周期短、效率高，几个新合金成果，如GX-8、GC- 11、GC-4、Э п 929、K3 等都是那几年研究成功的。

一室主任是老二级工程师吴世泽，管理主任是丛锦生。吴世泽是热处理专家，曾在重庆国民党制枪厂热处理车间工作。赵振业刚进一室时，吴世泽是结构钢与不锈钢组专业组长。为落实练“基本功”精神，有一次吴主任给全室人员讲“打硬度”课，让大家受益匪浅。大家认识到，一个试验数据看起来简单，但要做准确却大有学问，由此激发了全室人员大练“基本功”的热潮。赵振业终生都十分重视“打硬度”工作，曾经按照正确的“打硬度”方法处理了四川德阳第二重型机械厂（简称德阳二重）锻件硬度不合格的问题。

中尉技术员

来到621所后，赵振业被分配到第一研究室李文澜主持的课题组。

李文澜，1950年毕业于唐山交通大学，毕业后分配到铁路系统工作。1952年为支援航空工业建设，调到第二机械工业部航空工业局总技术处冶金科工作，1959年年初调到621所。

李文澜所在专业组主要是研究飞机发动机上用的结构钢和不锈钢。按学科分类，不锈钢主要分三部分，即奥氏体不锈钢、铁素体不锈钢和马氏体不锈钢。奥氏体不锈钢因其延展性较好，在航空上用得比较多。马氏体不锈钢主要是用在发动机的主要承力部件，如叶片、盘。国际上用得比较多的有英国的S/SJ2，苏联用得比较多的、也比较先进的是ЭИ961。我国曾对ЭИ961进行了仿制并取得成功，国内牌号为GX−6。

后来，上级要求研制一种性能更高的材料，自定牌号为GX−8。从此，赵振业开始跟随李文澜学习研究不锈钢，查阅、收集、整理有关资料。

赵振业接受任务后几乎天天都泡在图书馆，查阅了大量国外有关马氏体不锈钢的资料。在认真进行分析、消化的基础上写出了一份《合金元素在12%Cr不锈钢中的作用》实习报告，其中设计了GX-8钢的成分范围。这份报告获得了很高的评价，自此也标志着赵振业一年实习期的结束。1963年11月3日，621所举行了全所技术人员参军授衔大会。六院院长唐延杰向参军人员授衔，赵振业被授予中尉军衔。

1963年被授予中尉军衔

实习期间，赵振业的勤奋好学、刻苦钻研精神给李文澜留下极好印象，因此对赵振业很是器重。有一次，室里要调赵振业到另一个专业组去，李文澜一听就急了，直奔主任办公室，说什么也不同意。他对主任说："组织从我专业组调人可以，我给你们两个，但要把赵振业留下，两个换一个总行吧。"尽管如此，最终还是没能留住赵振业。

难忘的岁月

1963年，赵振业被派去山西大同空军基地当兵半年。那是一次轮流下基层锻炼，他十分认真地当了一名机械兵。正赶上“大比武”，每天早上四五点起床上机场，任务是打开飞机蒙布，放油，检查安全隐患；飞机下来后，擦飞机，注润滑油，打扫现场，直到晚上七八点整理停当后才能回到基地休息。如果飞夜航，工作要持续到晚上十二点后才能休息。10月间，他随部队到北京南苑机场参加了“大比武”。“大比武”场面十分壮观。空军所有的飞机出动，依次飞过机场上空，安－2飞机领头，上面悬挂着“毛主席万岁”“中国共产党万岁”等大标语。晚上看夜战更是激动人心，亲眼见到一颗炮弹打出去划破夜空，一枚火箭随后发射，快速追上炮弹并超前击中目标爆炸。在北京前后待了一个月才返回基地，年底结束当兵锻炼回所。赵振业不习惯早起晚归的生活，本来人就不胖，这次锻炼又瘦了十几斤。

从基层兴高采烈地归来，一进研究室，赵振业却感到从未有过的冷清。见到的人说话轻声细语，躲躲闪闪，搪塞两句就走开了。后来才听说，前一阵搞“四清”，“人人过关”，一室要抓两个反革命，一个是技术人员张 ××，一个是试样加工工人陈 ××。中央刚下发了“二十三条”，运动尚未结束。又听说调干技术员“郭 ×× 上吊死了”，室政委林 ×× 也“出了问题”。仅仅半年，不知怎么出了这么多事。组长、党支部委员几次交代问题没有通过，其他人检查也都未能通过。上级派来的“四清”队长在会上讲了“二十三条”，他也未全听明白，运动几天后就停下了。

“四清”结束了。就在这时，赵振业被转到室里新组建的热疲劳组工作，理由是加强这个新专业。这个组主要是承担高温合金的冷热疲劳试验，研究热疲劳行为。赵振业学的不是这个专业，也不熟悉这个领域。到这个组后，他很少参加试验倒班，多半是跟着王海清、王冠军调试一台新试验机。他无心在这个组，因此多半时间用来查一些资料，或帮忙为叶片振动疲劳组查阅资料，有热疲劳方面的，也有不锈钢和结构钢的。

1967年2月，赵振业又回到了结构钢与不锈钢组，这时正赶上GX−8钢用于910发动机，他到富拉尔基北满钢厂跟产去了。接着，GX−8钢用于910发动机的材料和零件制造任务主要落在他和邱世纮的肩上，轮流出差，一住就是几个月，辗转在富拉尔、抚顺和湖南株洲331厂之间，直到1973年涡桨六发动机鉴定。

赵振业长期在331厂出差，除了解决生产中的问题，还干了两件事：一个是收藏毛主席像章。湖南醴陵的瓷器质地很好，像章做得很精致，他收藏了毛泽东不同时期的像章，至今还保存着。另一个就是读书、查资料。赵振业经常会到厂图书馆、阅览室去看书，查资料。他几乎查遍了所有钢的资料。那时管理处于无政府状态，不少人晚上班,早下班,逍遥自在。他泡在阅览室里看书下班还不走，惹得管理员很不高兴。赵振业获得的有关高强度贝氏体钢、超高强度结构钢的许多知识是在文化大革命中学的，是在下厂跟产中学的。

在“工人阶级领导一切”“工人阶级进驻上层建筑”的呼声中，“工宣队”进所“支”左来了。赵振业一年到头很少在所，即使在所也是忙碌不停。

不久，“军宣队”又进所支“左”来了。室里进驻了好几位，当了室政委、连长、排长，每天在室里，看大家干活，和大家一起活动，找人谈话。后来，抓“5·16”分子开始了，原来文革造反派的头头几乎一个不漏,隔离审查。接着,航空部给621所派来了新领导,党委书记、所长、副书记、副所长，一应俱全。研究室主任、书记走马灯式地换了一个又一个。在念念不忘阶级斗争，狠批反动学术权威的“动乱”岁月,赵振业顶着被扣上不关心政治、走“白专道路”帽子的风险，一直在厂跟产，研究解决材料在使用过程中出现的技术问题，空闲时不忘读书、查阅资料。科研在进行着，赵振业在寻求着他的梦！

第四章

带着钢走的人

学　步

1962年，我国引进了米格－21战斗机，又称62式。米格－21是苏联米高扬设计局研制的轻型超声速歼击机，1953年开始研制，1958年开始装备部队，是20世纪60年代苏联空军的主力飞机。中国于60年代开始研制歼7。因中苏关系恶化，在歼7发展的关键时刻，苏联撤走了全部专家，并且带走了几乎所有的技术资料。中国的设计师们克服困难，根据苏联专家留下的少得可怜的资料，从零开始，一步一个脚印，于1966年1月17日由试飞员葛文墉驾驶，将第一架歼7送上了蓝天，飞行速度达到了马赫数2.02。最初，歼7的生产并不顺利，直到80年代初期，歼7的生产才逐渐完善。改进型号十分丰富，曾向多个国家出口。

1965年4月，我国决定在米格－21的基础上自行设计新机。当时提出了两种方案，一种是单发方案，另一种是双发方案。双发方案装两台歼7现有的发动机，单发方案是采用沈阳606所设计的910新发动机。双发飞机编号歼8，单发飞机编号歼9。

62式飞机发动机压气机的主要部件如盘、转子叶片、整流叶片等，原设计采用苏联ЭИ961不锈钢制造。对此，621所曾以GX－6代号进行过研究，发现它在淬火后经560℃回火，可获得优良的强度及韧性。但强度偏低，而且只能在500℃以下使用。因此，1962年621所决定研究一种使用强度更高的热稳定不锈钢，抗拉强度高于120千克力[①]/毫米^2，冲击值大于7千克力·米/厘米^2，热强性优于ЭИ961，其他性能与之相当，用于62式或新设计的发动机。

①1千克力=9.8牛。

牌号为GX-8（1Cr12Ni2WMoVNbA）。由于这是米格-21飞机国产化的关键材料，因而这一课题被列为六院重点。李文澜、赵振业参加了这个课题组。

赵振业初步了解到，新钢种的研究程序与他毕业论文研究高强度钢基本相同。但一开始合金成分设计，赵振业马上感到自己专业知识的不足，他跑遍北京新华书店，仍买不到想要的专业书，就马上写信请在上海工作的同学于泰武帮忙，买了一本乌曼斯基的《金属学物理基础》，如饥似渴地学了起来。同时，他又重温了基础专业知识，学习合金化理论，并开始查找有关12%Cr型热强钢的研究资料，由于俄文、英文水平有限，便翻着字典阅读资料。为查阅日文资料，又上了业余日语学习班，一年下来，赵振业对新钢种的研究方向有了初步的认识。

12%Cr型马氏体热强不锈钢是研究最早的一类高强度不锈钢，广泛用作汽轮机叶片、转轴等构件。由于其组织为马氏体，有磁性，因此在地磁场中转动时有天然的阻尼、消震效果。汽轮机使用寿命高达10万小时，甚至100万小时以上，对组织稳定性要求很高。因此，世界工业发达国家对其使用温度及添加合金元素进行了广泛研究。比如，日本就添加元素硼、氮、硼+氮等后对其650℃以下的性能数据就有大量报道。

随着航空喷气发动机的发展，12%Cr型马氏体热强不锈钢被用来制造压气机叶片、盘等构件，研究最早、最多的是英国。由于航空发动机使用时间短，重量①要求严格，因此，合金成分设计要求有新思路，采用的合金元素也要有很大变化。总体看，压气机叶片、盘用12%Cr型马氏体热强不锈钢有两种设计思路：一种是英国的，他们更注重热强性，合金中多添加钨、钼、钒、铌等元素，斯贝发动机上大量采用；另一种是苏联的，他们更注重冲击韧性，所以合金中除钨、钼、钒外，还添加了镍元素。镍可以提高马氏体的本征韧性，

①重量——本书重量为质量概念。

因此，ЭИ961 钢是成功的代表，在航空发动机上应用广泛。

李文澜在 GX-6 钢研制中，曾对 ЭИ961 中碳、铬、镍、钨、钼、钒等元素热处理和力学性能做了研究。但该钢经 1150℃淬火 560℃回火后，抗拉强度总是低于 120 千克力 / 毫米 ^{2}。

GX-8 钢成分研究基本上是在 ЭИ961 钢基础上进行的。合金设计思路兼顾了 ЭИ961 和英国的重热强性。所以，钢中除添加镍元素外，又添加了铌元素。由于研究中发现钼元素对提高冲击韧性更有效，所以设计出来的 GX-8 钢兼有超过 120 千克力 / 毫米 ^{2} 的高强度、高冲击韧性和热强性，使用温度可达 550℃。综合性能比国外所有的钢种都好。

在课题组分工中，赵振业侧重于成分试验。从成分设计、熔炼、锻造成材到热处理和力学性能等，他经历了全过程。经过一年多试验研究，钢的成分上、下限和成分基本确定，并开始做实验室合金全面性能研究。

在实验室研究时，赵振业循着工艺流程学习相关技术、方法和知识。在 GX-8 钢的试验研究中，热处理是以工艺单委托热处理车间进行的。但是，每次热处理赵振业都要带上热电偶 - 电子电位计到现场，并和工人师傅一起装炉，把热电偶放在试样中间测温，以准确实测温度对试验数据进行分析。这一习惯一直持续到他离开试验一线。

1964 年，六院组织了实验室阶段的总结鉴定。通过鉴定之后，一是上报国防科委，二是到抚顺钢厂进行工业性试制。

1966 年，我国自行设计的 910 发动机选用 GX-8 钢，制造 1 ～ 10 级高压压气机转子叶片、盘和整流叶片等零件。在抚顺钢厂、北满钢厂、大冶钢厂、马鞍山钢厂开始生产 GX-8 钢，并在 331 厂制造发动机。赵振业从钢厂炼钢，到 331 厂零件试制全程跟产。学习电弧炉、电渣熔炼、轧制成材、冷轧薄板制备等技术，并解决生产过程中遇到的问题。在钢厂跟产，无论白天黑夜，他一定全程在炉前长见识。1968 年，抚顺钢厂生产的电渣 GX-8 钢冲击韧性不合格，不能交货。赵振业前去解决。他一住就是 3 个月，与工人一起做热处理与力学性能试验，找原因，调查了所有熔炼炉号原始记录，最后认定是因熔炼速度过快造成的。后将熔速从约 400 千克 / 时降至约 250 千克 / 时，冲击韧性达到标准要求，正常交货。抚顺钢厂研究所的同志对他说:“你比我们还上心！”在试制 GX-8 钢的几年中，赵振业经常是在钢厂跟产中度过的。

在 331 厂跟产时，赵振业随着构件制造的工艺流程，逐件、逐工序地见习了相关制造技术，并懂得了许多知识。了解零件每一工序的加工情况，解决有关问题。由于实验室对切削加工工艺研究少，因此需要解决的问题比较多，如榫槽加工、表面粗糙度及润滑等。

910 发动机试制时，设计、材料、制造工艺人员一同跟产，共同解决生产中出现的各种问题。在 331 厂跟产发动机试制中，可以十分明显地感觉到三机部一些领导不恰当地对待六院，进而不恰当地对待发动机研制。当时，331 厂属三机部管，研究院（所）属空军管。两家领导都过问发动机试制，每当空军副司令员曹里怀与湖南军区司令员黎原一起到 331 厂视察，331 厂总会布置加班加点抢进度，并且在大礼堂召开大会鼓励试制工作，而三机部领导一来视察，331 厂总会停下来加工其他产品，还会传出发动机设计如何不好等言论。一次，曹里怀到 331 厂视察，站到试车台前看发动机试车，加到 95% 推力未出问题，很高兴，还设午宴庆贺，饭后离去。但当下午发动机再次开车将推力加至 96% 时，一声巨响，发动机突然爆裂。自此，该发动机寿终正寝。

天真纯朴的赵振业在想，哲人不是说“失败是成功之母”吗，科学研究是允许失败的呀，怎么一次试验失败就判新设计的发动机死刑呢，不可以查找原因继续研制吗？一个个为什么在他脑子里闪现。但作为一个年轻技术员，除了看在眼里，记在心上，他还能做什么呢？如今想来，不能不说那是导致发动机成为航空工业发展的“瓶颈”和制约因素的重要原因。

值得庆幸的是，事后解剖下来看到压气机变形了，叶片弯成各种形状，但无断裂，表明 GX−8 钢是好的。

新设计的 910 发动机试制结束了。恰好，三机部要引进苏联安 −12 飞机（国内编号运 8），发动机代号为涡桨六（WJ−6）。涡桨六发动机的高压压气机也是 10 级，用 ДИ−1ш 不锈钢制造。鉴于 331 厂对 GX−8 钢的各项工艺已经熟悉，910 发动机试制中又证明 GX−8 钢性能优良，于是决定用 GX−8 代替原 ДИ−1ш 不锈钢。

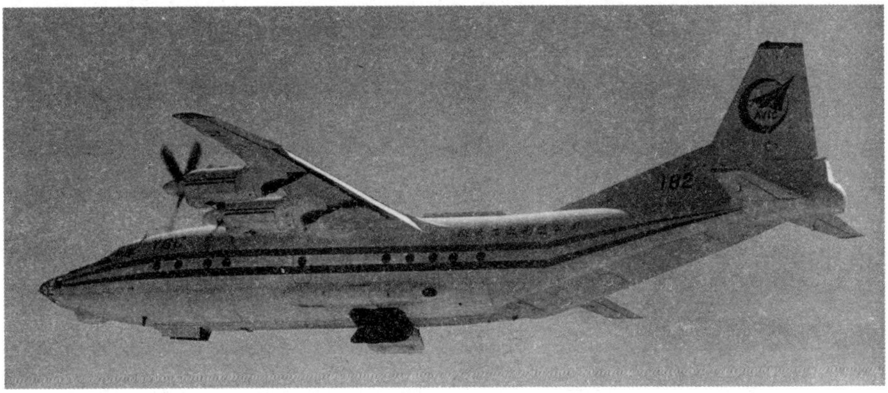

配装涡桨六发动机的运 8 飞机

GX−8 钢新一轮应用又开始了，赵振业继续跟产。

涡桨六发动机应用中与 910 发动机不同的是将整流静子叶片改成冷轧成形工艺。冷轧叶片工艺是 331 厂发明的，用冷轧薄板作原材料，经过冷轧机多次反复滚轧叶片成形，切边后即可使用，简化了锻坯 − 机械加工叶片工艺。但是，由于 GX−8 钢是一种空气中冷却淬硬钢，冷轧薄板硬度较高，轧制力大，成形困难。赵振业来到生产现场，根据变形 − 再结晶的基本原理，告诉轧制的技术员和工人师傅，GX−8 钢第一次轧制是会比较硬，但会越轧越“软”，并给出轧制退火工艺。退火后的冷轧叶片果然如赵振业所料，并最终装机使用。

涡桨六发动机压气机转子叶片、盘（共 10 级）均采用 GX−8 不锈钢制造加工。经 2000 小时长期试车，获得了较为满意的结果。

从 1973 年通过航定委鉴定至今，累计生产出厂发动机共 700 多台，其中压气机叶片（428 片 / 台）约 30 万片、压气机盘（10 件 / 台）7000 余件。

自 1995 年起，发动机已延寿至 5000 小时，在军、民服役中未出现故障。

赵振业在“文革动乱”、极“左”横行的年代里，为 GX-8 研制和在 910、涡桨六发动机及运 10 飞机应用成功默默工作了 15 年。

1978 年 3 月 18 日，全国科学大会隆重开幕，迎来了科学的春天。时任副总理的邓小平在大会开幕式上提出了“科学技术是生产力”“知识分子是工人阶级一部分”等著名论断，令人荡气回肠。那天，与会的 5000 多名中国科技界精英大都泪满衣襟。

涡桨六压气机转子

这是中国科技事业发展史上一个由乱到治、由衰到兴的“拐点”。

执政党首次把反映人与自然关系的科学技术，同作为经济社会发展现实基础的生产力紧密联系在一起，从而对当代中国科技事业产生了“怎么估计都不会过分”的影响。

在这次全国科学大会上，“GX-8 马氏体热强不锈钢航空发动机压气机叶片、盘”获得大会奖状。1985 年，GX-8 热强不锈钢获国家发明四等奖，赵振业为第二发明人。

赵振业感慨地说：“我很庆幸，一接触工作便投入了我国第一个 12%Cr 型马氏体热强不锈钢研究。虽然那是跟着老一辈研究人员学步，而且一学就是 10 多年，但是作为一个主要参研者，看到亲自创造的综合性能优于国外同类合金的新钢种，并先后在 3 个航空发动机压气机转子叶片、轮盘应用成功，回味在那场文化大革命中日夜兼程走完的从合金设计、试验研究、工业试制到应用研究、构件生产和新材料研究全过程，从中学到的知识，积累的经验，培养的习惯以及对随后从事研究工作的裨益，我感到很值得。”

1970 ~ 1974 年，赵振业还主持了国防科委重点项目 650℃马氏体不锈钢 GX-9 研究课题。由航空工业部（以下简称航空部）、冶金工业部（以下简称冶金部）的两所三厂共同为高性能发动机（用于双三飞机）研制压气机叶片耐热新材料。课题组完成了合金成分设计、小炉试验、半工业试制，性能基本达到规定指标要求，且热强性为同类钢中最高水平。遗憾的是，该项研究因发动机下马而中辍。

自 主 创 新

我国战斗机后机身普遍存在超重、超温问题。后机身超重后必须在前机身挂配重平衡，这就双倍增加了飞机的重量。产生这一问题的原因是主承力框处温度高，没有相应的超高强度钢可满足要求，只能选择中强度钢。后机身框用材强度低，成为飞机设计的一大难题。

随着飞行马赫数的提高，要求结构件能在一定的温度环境中工作。也就是说，结构材料在中温下应具有足够稳定的组织和性能。

这一要求更加剧了上述问题，因此亟待发展耐中温的超高强度钢。

1968 年，冶金部和航空部联合行文，要求研制一种可在 500℃温度下工作的中温超高强度钢，用于制造自行设计的高空高速歼击机歼 9 的后机身框架。此框架同时承受垂直尾翼接头和机翼接头传来的复杂应力状态和 300 ~ 400℃的温度。

新钢种由 621 所、本溪钢厂和成都 611 所、成都 132 厂共同组成设计、科研、生产“三结合”专题组研制，牌号为 GC-19。

由于诸多因素，课题组先后换过两班成员，直到 1975 年仍未达到规定的性能指标。1975 年年末的一天，研究室主任张喜源找赵振业谈话，说副所长黄恢元指示，GC-19 钢要搞下去就换人，否则就停下不搞。室里决定让他担任负责人，成员由他选，并要他马上去成都参加歼 9 飞机选材讨论会。赵振业随之从不锈钢组转去主持新结构钢种的研究。

当时，国际上还没有一种中温超高强度钢。中温使用钢都是将超高强度钢中温回火使用，强度较低。最早作为中温超高强度钢使用的钢种是美国的 H11 钢，即 5%Cr-Mo-V 钢。H11 本是一种热作模具钢。20 世纪 50 年代中，首先由北美航空公司把它引入攻击机上作结构件。后来，美国的不少飞机如 B-52、F-4B 等都相继采用，制造机身框架、桁条、螺栓、承力接头，以及起落架零件等。H11 属于 180 ~ 210 千克力 / 毫米 ^{2} 强度级，只是断裂韧性值较低。英国曾研究过中温超高强度钢。它们按强度分成 HST150、HST180、HST210 三个级别。遗憾的是，英国飞机设计师们除了在 Dowty Rotol 公司生产的 B188 试验机上做过试用外，未能使自己的中温超高强度钢应用于飞机生产中。

我国发展中温超高强度钢有两个办法可选，一是仿制 H11 钢，一是自主研制新钢种。621 所、抚顺钢厂与钢铁研究总院分别于 1958 年和 1966 年进行过 H11 钢的仿制研究。赵振业摒弃仿制路线，开始研究新的中温超高强度钢 GC-19。由于有研制 GX-8 钢的经验，因此对新研制一种钢的途径并不陌生，但研究内容和方法却有所不同。GX−8 钢是一个自主创新研究，主要创新在于将欧美注重提高热强性、苏联注重冲击韧性的思路和设计特点结合起来，调整合金成分。GC−19 钢可借鉴的资料较少，H11 钢本不是按结构钢设计的。赵振业认为，自行研制中温钢应从应用基础理论开始，即从研究和掌握二次硬化、研究合金元素的作用、相变特性等开始。

1976 年年初，赵振业开始着手编写 GC−19 钢研究工作大纲。他把任务分为三个阶段：一是确定合金基本成分；二是重复试验，对选定的合金成分进行稳定重复试验并开始有关工艺性能试验，包括热处理工艺、变形工艺、腐蚀防护工艺及说明书，周期疲劳、缺口敏感等；三是合金全面性能测定。

GC−19 钢技术指标要求具有超高强度和良好的综合力学性能，抗拉强度要达到 170 千克力 / 毫米 ^{2} 以上，因此采用中碳钢是毋庸置疑的。但要采用什么样的合金化系统才能得到好的综合性能，的确不是一件容易的事。

为设计成分，又进行了大量试验，研究铬、钼元素对回火曲线的影响特征及其二次硬化峰的准确温度以及碳化物的转变程序。为研究相变特征，赵振业到本溪钢厂用膨胀仪做试验，一住就是几个月。

赵振业从二次硬化和强韧化基本理论出发，在硬化特征、相变、淬透性、力学性能、工艺性能等方面系统探索的基础上，巧妙地利用钼元素的强二次硬化效应，以及少量钼即可引发高的峰值，来获得超高强度和更高耐热温度；少量铬元素虽不能引发二次硬化峰，但与钼配伍能降低钼的硬化峰值，减少其对基体韧性的伤害程度，从而调整钢的韧性；少量铬还可以提高钼硬化峰前的硬度，调整钢的回火曲线，拓宽回火温度范围等。GC−19 钢不仅达到了超高强度，综合力学性能良好，耐温高达 500℃。而且合金元素总添加量不足 5%，将该类中温钢由中合金体系降为低合金体系，钢中合金元素较 H11 钢减少 35%，实现了合金设计创新，综合力学性能优于美国使用的 H11 钢。

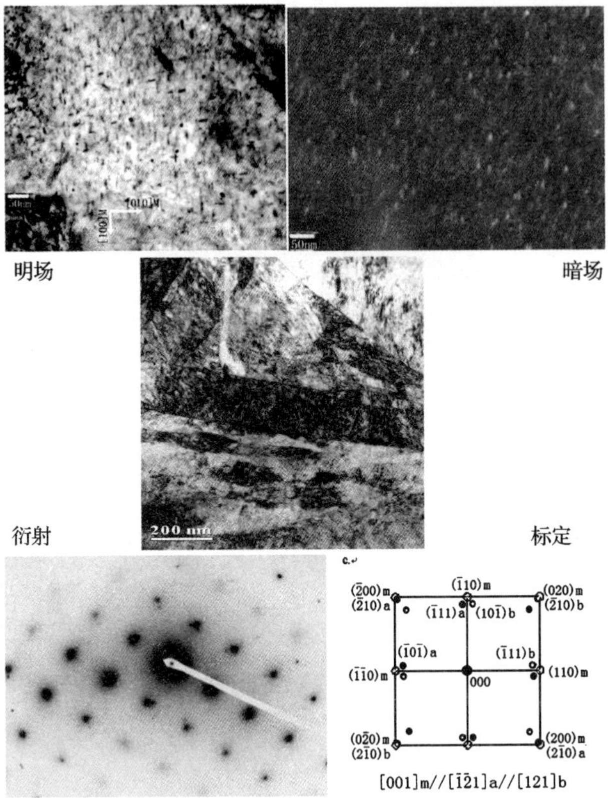

二次硬化相 Mo_2C

在实验室，中温性能达到规定技术性能指标后，本溪第一炼钢厂以 5 吨电弧炉加电渣重熔工艺做了工业大炉试制，并进行了全面性能的试验研究。

对于钢而言，其 S 曲线十分重要，关系到热处理工艺、组织、性能和淬透性，本溪钢厂从法国引进了一台测 S 曲线的膨胀仪，自动控制水平高。为测定钢的 S 曲线，赵振业在本溪钢厂与试验小组的几位同志，连续试验几个月，终于绘制出了钢的 S 曲线。

GC−19 钢的试验研究主要在本溪第一炼钢厂研究室进行。该室的朴相俊在从成分设计、小炉熔炼到大炉试制等方面都做出了重要贡献。如果没有朴相俊的全身心投入，GC−19 钢研究很难开展。朴相俊是朝鲜族人，为人实在，做事稳重、牢靠。后来，本溪钢厂研究室升格为研究所，他担任了所长，曾获得国家有突出贡献的中青年专家称号。

GC−19 钢用作主承力框构件。框是由角钢缘条弯制而成。中温超高强度钢角钢在鞍山钢铁公司（简称鞍钢）焊管厂试制。鞍钢是普钢厂，焊管厂以往轧的都是普通钢。第一次轧超高强度钢，设备能力不足。为获得超高强度角钢，赵振业又转辗到鞍钢做试验，与分课题负责人王洪开一起制定试制方案。该厂改造热处理炉子，调试轧机，千方百计创造条件。王洪开还专门设计了轧制生产线。GC−19 角钢强度高、壁薄、条长，一次变形量大，冷却后几乎不能校正，角钢变形成了难题。为此，王洪开在冷却床下设计并安装了冷却气嘴，以控制长度各处的冷却速度，实现了变形小，解决了角钢变形难题，从而研制成功了我国第一个抗拉强度达 1800 兆帕的超高强度角钢。

1980 年 10 月，在本溪钢厂举行了 GC−19 钢科研课题总结鉴定会，通过了 GC−19 钢热轧（锻）棒材、热轧角材预鉴定，结论是“可以在飞机上试用”。由于歼 9 飞机研制下马，同年 12 月，611 所向航空部提出了在歼 7 Ⅲ飞机后机身结构上试用 GC−19 钢的报告。

1980 年，GC−19 钢本溪鉴定会代表合影（中排右三）

GC−19钢用作歼7Ⅲ飞机后机身36框的应用研究开始了。611所设计负责人是张凤岑，组内还有黄建云、廖肇裕、黄根柄等。经过设计、计算，提出了GC−19钢元件试验的任务书和试验条件，以评价钢的疲劳行为。

为了可靠用于主承力框，赵振业与621所力学性能研究室一起做了各种元件试验，取得了系统的疲劳数据。

1981年8月，在621所召开了关于在歼7Ⅲ飞机上试用GC−19钢的审定讨论会。经621所、611所、132厂等有关单位和领导审议后报部。航空部科技局于同年9月批复，同意报告提出用该钢制作歼7Ⅲ飞机3个零件进行0批试用。

132厂跟产又开始了。在框件的制造中，每次缘条的拉弯赵振业都全过程跟产，根据拉弯实际变形状况制定软化回火工艺，反复进行，直至成功。赵振业长年累月待在生产现场，每天同611所项目组的同志一起坐班车到厂里去上班。

试制生产还算顺利，可一个预料不及的问题把赵振业难住了。缘条件流水到钳工钻孔时，工人师傅几经周折也钻不下去。问题反映到工艺室和车间主任那里，车间主任对GC−19钢能否使用提出了异议。由于实验室研究时，切削加工研究少，赵振业一时拿不出解决办法，初步判断是高速钢钻头硬度不够。

为获得高硬度钻头，赵振业打听到成都刃具厂有金刚石钻头，就急忙乘车到厂家借钻头。厂家听了情况介绍后，二话没说就借给他气钻和钻头，谁知回到132厂一试还是不行。此时，他又想到621所试样加工车间钳工组组长张惠民是一位技术高超的钳工师傅，或许能有解决办法。回到北京领着张师傅又来到成都，结果问题还是没能解决。赵振业犯愁了。一天，他在611所与项目组谈论此事时，设计员廖肇裕自告奋勇说去试试。廖肇裕曾在132厂工作过，他用普通的碳钢钻头磨了一个形状与众不同的钻头，几个人看了都直摇头，但没想到用它一钻就钻通了。在场的人都十分惊讶，对老廖也刮目相看。问题解决了，试制生产继续进行。赵振业感慨地说，这次真是开了一次眼界，知道什么叫绝活。同时又惭愧地说，这次经历让他体会到了哪个环节研究不到位，就会在哪个地方出问题。这是他一生谨慎中的疏漏，一次刻骨铭心的教训。

1985 年 8 月 13 日，航空部科技局、冶金部军工办公室组织专家对 GC–19 钢进行了鉴定。专家们认为，GC–19 钢是我国自行研制的第一种航空用中温超高强度钢。成分设计合理，是个创新。与国外同类钢种 H11 相比，节省合金元素约 35%。该钢在中温下组织稳定，适合制造 500℃以下长期工作的飞机结构零件。该钢的韧性、疲劳、应力腐蚀、中温持久强度等性能优于 H11 钢。采用 GC–19 钢可将飞机结构零件中温用钢强度水平由 120 千克力 / 毫米 ^{2} 级提高到 170 千克力 / 毫米 ^{2} 级。为解决目前普遍存在的后机身超温问题以及为新机发展提供了一种新的高强度材料。建议推广应用。

配装 GC–19 钢制后机身框的歼 7 Ⅲ飞机

新钢种的研究成功，开拓了航空中温超高强度钢新领域，解决了我国高速飞机后机身超温超重的选材难题。

1988 年，这项研究成果获国家发明三等奖，赵振业为第一发明人。

如今，GC–19 钢用于歼击机后机身主承力框，生产使用几十年来无故障。

追赶国外先进水平

我国仿制美国 300M 钢项目始于 1980 年，在做了大量研究后仍未达到美标要求。1983 年 8 月，赵振业接手该项目研究，因有 GX–8 钢、中温超高强度钢 GC–19 钢的成功研究经验，不仅在程序上轻车熟路，也积累了一些研究数据，掌握了一些超高强度钢的规律。只是之前研制的两种钢同属二次硬化钢，300M 则属于低合金钢。在调查、分析、总体筹划和对前景估量的基础上，赵振业提出了与中温超高强度钢不同的研究思路。中温超高强度钢研究摒弃了仿制 H11，选择自主创新；而 300M 钢则舍去自主设计成分，选择按照美国 AMS6417 标准，走“全仿”之路。因为，美标的要求超过了当时国内冶金技术水平，赵振业深知，只有“全仿”才有可能把中国飞机起落架钢带上“高纯”之路，上一个新水平。当然，并非有了美标就可以制出 300M 钢，“全仿”的目的只是用来凝聚要求指标，实现目标的技术要靠自主创新。赵振业提出了冶金技术路线建议，经抚顺钢厂的创新试验，不仅研制成功 300M，使中国起落架用超高强度钢在短短两三年基本达到国外的先进水平，还把我国起落架用钢抗拉强度提高到 1860 兆帕以上，走出了一条中国自己的超高强度钢发展之路。

1995 年起，赵振业探索研究高合金超高强度钢强韧化机理，为随后研制抗拉强度达到 1930 兆帕以上的起落架钢奠定了基础，该项研究获得航空基础科学基金成果一等奖。

双双领先

研制成功制造长寿命起落架的300M钢后，赵振业又在前瞻飞机发展需求，了解起落架钢发展现状和前景估量的基础上，开始筹划起落架钢的发展。

赵振业在几十年的科研工作中，始终以“主见、求实”自铭，研究方案总要以基本原理为依据。基本原理是他最亲密的伙伴和靠山。他查阅资料注重系统，形成概念，他不太相信别人会把花了无数心血做出的研究成果和诀窍公布在杂志上，他查阅资料只求研究的思路、采用的手段，但并不认为就是最好的，最终会用自己的主见，自己亲自做试验去寻求新材料。

几十年来，超高强度钢经历了低合金、中合金和高合金等发展阶段。美国于1952年研究成功300M钢，1965年开始用作飞机起落架。继300M之后的起落架钢是什么？美国徘徊了多年。直到1975年前后，美国先后研究了低合金超高强度钢HP310，不锈钢AFC-77，但都因韧性过低而中辍。美国又在HY180高强度钢基础上研制了AF1410钢，并获美国大奖。杂志上一再讲AF1410钢是最好的起落架钢，甚至说用于F-15战斗机起落架。国内也进行了仿研。但赵振业一直认为AF1410不是起落架钢，不大可能用作起落架，自己仍抓紧300M钢的研究和应用。1993年前后，美国又在AF1410基础上研制出Aermet100超高强度起落架钢，也获美国大奖，并用作F-18舰载机起落架。杂志上评述该钢用作舰载机起落架所具备的优点。赵振业又认为，Aermet100不适宜用作舰载机起落架。

纵观美国超高强度钢发展的历史可以看到，从300M到Aermet100，前后花了近半个世纪，主要效果是抗拉强度提高了70兆帕，断裂韧性提高近40MPa $\sqrt{m}$，K_{ISCC}提高一倍。而合金设计中不仅加入了高量钴元素，而且多种元素成为杂质元素，熔炼难度大大增加，成本增加10倍以上。无论是300M，还是Aermet100,用作起落架时都必须进行表面防护，用于舰载机的起落架更是如此。

赵振业断言，航空超高强度钢最终要走到超高强度不锈钢。

我国是一个海岸线很长的国家，各种飞机经常处于海洋气候环境中，发展超高强度不锈钢，解决腐蚀问题，提高起落架全寿命期经济可承受性是个战略问题，也是个现实问题。为此，赵振业和他的研究生们致力于超高强度不锈钢的强韧化机理研究。经过几年探索，于20世纪90年代末初步揭示超细马氏体板条、超细沉淀相和逆转变奥氏体等新机理。在此基础上，探索了一种超高强度高韧性不锈钢Fe−13Cr−12Co−5Mo−Me。在实验室采用200千克容量炉、VIM+VAR双真空高纯熔炼和控制相变热处理后，抗拉强度接近1900兆帕，断裂韧性接近110 MPa $\sqrt{m}$。首次把不锈钢提升到超高强度高韧性，因此获国家发明专利。

一切不出赵振业所料，21世纪初，美国新研制的超高强度不锈钢S53终于问世。在评价中说Aermet100不适合用作舰载机起落架，最合适的材料是新研制的超高强度不锈钢。这一观点与赵振业的见解几乎一模一样。S53钢达到的力学性能与300M钢相当，其断裂韧性与赵振业的探索研究结果还有一定差距。

高性能轴承和齿轮是机械系统中的关键构件，在直升机、航空发动机、航天器、赛车及其他精密机械等高技术领域中广泛使用，其性能常成为制约各种力学性能、寿命和可靠性的重要因素。

早在20世纪50年代，喷气发动机寿命曾因轴承寿命只有300小时而大受限制。经过10年发展，轴承寿命提高到3万小时以上，发动机的寿命也随之得到提高。

20世纪60年代，美国把轴承钢的VIM+VAR双真空熔炼先进技术引入齿轮钢，解决了传动系统的关键难题，推进了航空发动机和直升机的发展。随着传递能量增加，转速、温度和寿命提高，齿轮轴承钢已进入超高强度行列，受到世界发达国家的极大关注，成为一个竞争十分激烈的高技术领域。

我国高性能齿轮轴承钢和齿轮、轴承技术十分落后，严重制约了航空发动机、直升机等武器装备和高端机械产品的发展和使用。为赶上国外先进技术水平，近些年来赵振业一直致力于齿轮轴承钢强韧化机理的探索研究，并在此基础上研究了一种齿轮轴承钢Fe－14Cr－12Co－Mo－Nb－Me。经200千克VIM+VAR超纯熔炼和控制相变热处理后，力学性能达到抗拉强度1862兆帕，断裂韧性120MPa $\sqrt{m}$，首次将齿轮轴承钢提升到超高强度。与此同时，还研究了一种表面超硬韧化新机理和热处理技术。此技术用于该齿轮轴承钢，可使其表面硬度达到HRC72，500℃下仍保持HRC63.5。室温至500℃的热硬性明显优于国内外同类钢种。为构筑我国高性能齿轮轴承钢体系，12CrNi3A、GCr15－M50NiL－超高强度齿轮轴承钢奠定了基础。此项研究同样获得国家发明专利。

为研究超高强度不锈钢强韧化机理，赵振业还特意聘请621所李春志研究员进行相结构电子衍射分析。李研究员不仅从事电子衍射分析几十年，还创新了一种分析方法，编制了分析软件。强韧化机理研究是用高分辨电子显微镜进行的。研究主要从马氏体基体组织、二次沉淀相、逆转变奥氏体三个方面进行。三种强韧化机理的研究和发现为超高强度不锈钢、高合金超高强度钢的发展奠定了一个良好的基础。

美国于20世纪末研究成功的超高强度不锈齿轮轴承钢，抗拉强度水平仅在1750兆帕，比赵振业研究的齿轮轴承钢低约100兆帕，断裂韧性相当。

20世纪90年代后期开始，赵振业的研究方向和实践基本与美

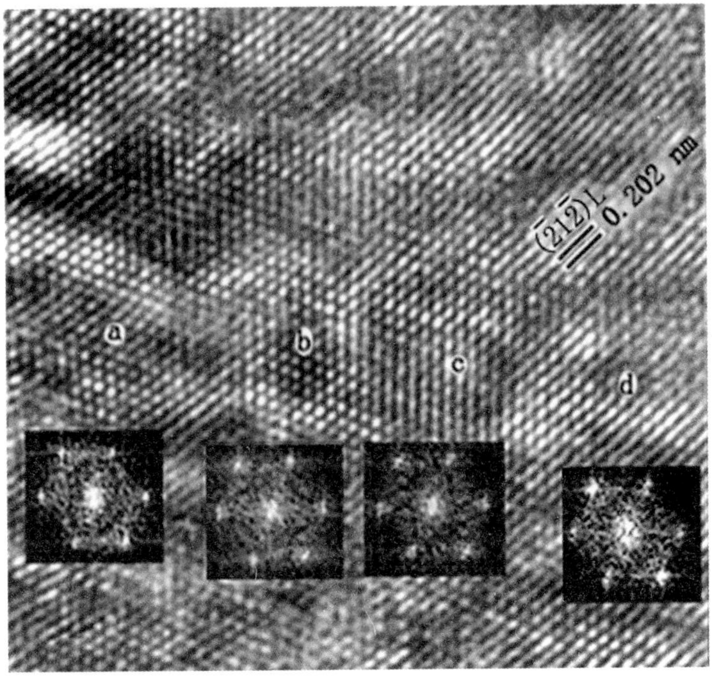

G.P 区

国同步，而令赵振业至今十分遗憾的是，这些原本走在前面的研究由于没能得到及时的支持，贻误了时间，否则的话，我国的某新机起落架不必又去仿制国外，我国航空发动机主轴承、直升机传动齿轮也可能不是现在的这种落后状况。

“十五”论证时，赵振业以超高强度不锈齿轮轴承钢探索研究基础申报国家科技部军用 863 立项研究，但“专家组”无端予以排除，却将没有探索基础的仿制项目予以立项，办公室人员也不容申辩和询问。直到现在，尽管连续申报立项仍未获准。“十五”论证时，赵振业以超高强度不锈钢探索研究基础申报总装备部预研，也因其他问题的株连不能立项。赵振业对此深感忧虑，如不尽快研究，恐怕不用多久又要仿制 S53 钢。类似的状况在过去几十年中不乏例证。仿制几乎成为我国先进材料研究的基本规律。谈及这些，常令赵振业心中隐隐作痛。

研制成功残余奥氏体测量仪

大量研究表明，钢的强韧性受残余奥氏体含量及其对热和力的稳定性的影响，因此，精确测定钢中残余奥氏体含量及评价残余奥氏体的稳定性，对指导材料的热处理和使用有着重要的意义。

测定残余奥氏体含量的方法主要有磁性法、膨胀法、金相法、X 射线法和穆斯堡尔谱法等。

国内外普遍采用下述方法来测定钢中残余奥氏体的机械稳定性，即用标准拉伸试样在拉伸试验机上进行一定塑性变形后取下，再从试样中部取样测定残余奥氏体并与未变形试样相比较，从而评价残余奥氏体的机械稳定性。这种方法比较费时，在取样加工时可能改变试样的状态，以致不能快速、准确、连续地测定钢中残余奥氏体在拉伸条件下的变化。

因此，建立受力状态下应变与残余奥氏体动态转变行为的关系一直是国内外科研、设计、生产、使用中普遍关注而又未获解决的问题。

为此，赵振业与康沫狂教授商讨，提出研制一台动、静态残余奥氏体测量装置。要求该装置不仅要满足多种形状钢试样的残余奥氏体的静态测量，而且能满足拉伸过程中残余奥氏体的动态测定。

1989 年，赵振业等人与西北工业大学马世良等几位老师共同开始研制这一设备。1991 年 12 月，完成了设备的设计、制造、安装、调试并交付使用。

使用结果表明，该设备性能稳定，测量结果可靠。静态测量绝对误差在 ±0.8% 以内；在拉伸条件下，可以 4 次 / 分进行残余奥氏体的连续动态测量，实现了残余奥氏体磁饱和测量的数字化和自动

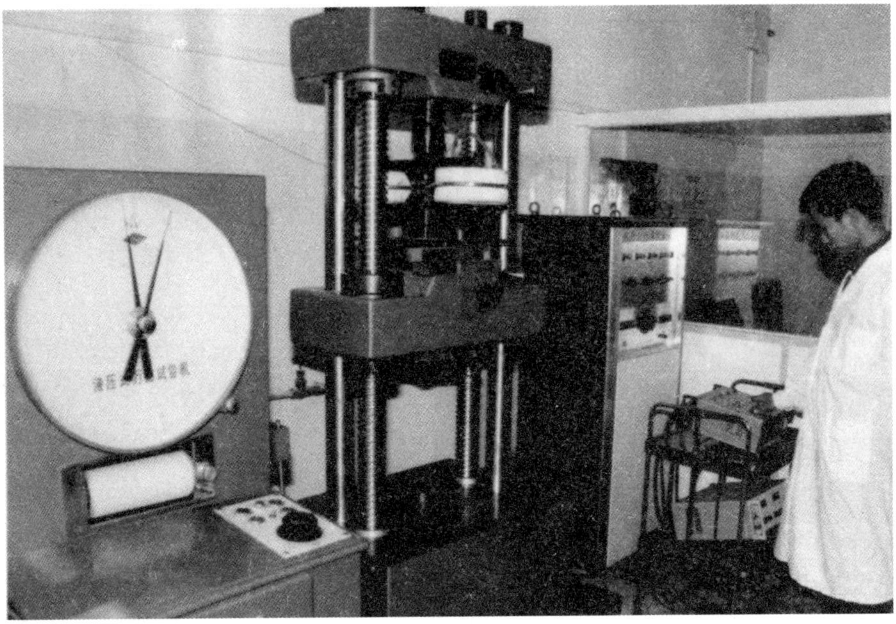

残余奥氏体动态测量仪

化，大大提高了测量效率和精度。

动、静态残余奥氏体测量仪及其测试技术是一个创新，为国内外首创，为研究钢中残余奥氏体提供了一种新的检测手段，此装置获国家发明四等奖。

40 多年中，赵振业先后研究发展了低合金超高强度钢 300M、中合金超高强度钢 38Cr2Mo2VA、高合金超高强度钢、超高强度不锈钢和超高强度不锈齿轮轴承钢，以其发明、创新研究成果构建了我国航空超高强度钢的总体架构，并达到世界先进水平。一个个超高强度钢像温驯的羔羊，按照赵振业的指挥走进预定的栅圈中，赵振业由此被人们称为“带着钢走的人”。

第五章

为战鹰插上铁翼

“美男子”的美中不足

20 世纪 60 年代，适值美帝国主义及国民党反动派以中国台湾、泰国等为前沿基地，使用 U–2、“火烽”等无人驾驶高空侦察机对中国大陆频频进行侦察活动。中国空军当时列装的所有飞机在升限上均不能达到高空接敌的要求，亟待发展一种高空高速截击机。

1964 年 10 月，国防部第六研究院在几年充分的技术准备和反复酝酿的基础上，开始论证研制新型歼击机的方案，并拟定了战术技术要求。1965 年 5 月，总参谋长罗瑞卿批准了高空高速歼击机的战术技术指标和研制任务。这种高空高速歼击机命名为歼 8 飞机。研制任务主要由沈阳 601 所和沈阳 112 厂承担。

歼 8 飞机的设计方案突出了高空、高速、增大航程、提高爬升率和加强火力 5 个特点，各项性能比歼 7 飞机均有提高。飞机最大速度为马赫数 2.2，最大升限 20 千米，最大航程 2000 千米，最大爬升率 200 米 / 秒。

歼 8 飞机的设计工作从 1965 年夏全面展开，至 1967 年初完成并发出全套设计图样。1969 年 7 月 5 日，歼 8 飞机首飞成功。

歼 8 飞机是白天型飞机，不具备在复杂气象条件下的作战能力。为满足全天候作战需要，从 1976 年起，开始研制歼 8 Ⅰ飞机。歼 8 Ⅰ飞机于 1981 年 4 月 21 日首飞成功，1985 年 7 月设计定型。

进入 20 世纪 80 年代，世界空战模式发生了巨大变化，历经了 70 年代末和 80 年代初的几次中东战争及英阿马岛战争，证明了诸如米格 –21、米格 –23、米格 –25 与“幻影”Ⅲ这种片面追求高空高速的战斗机，往往不是机动灵活的 F–15、F–16 战斗机的对手。

1979 年，中国空军根据国土防空的需要，提出在歼 8 Ⅰ飞机的基础上将进气道改成从两侧进气，以换装高性能雷达。1980 年 9 月，总参谋部和国防工办正式批准空军提出的战术技术要求，并将新机命名为歼 8 Ⅱ。1984 年 6 月 12 日，歼 8 Ⅱ飞机首飞上天，1988 年 10 月设计定型。这是我国第一款自行设计制造的高空高速歼击机。标志着中国歼击机的发展已经脱离了苏联米格系列，进入了自行发展的新阶段。

1989 年，歼 8 Ⅱ战斗机在第 38 届巴黎航展上首次展出，引起轰动,吸引了成千上万不同肤色的参观者,成为这届航展中的一大“明星”。它宽大的三角机翼,颀长的机身给人以特有的美感,被誉为“空中美男子”。

“空中美男子”歼 8 Ⅱ飞机

此后，又陆续研制了歼 8 Ⅲ等型号，形成了歼 8 系列飞机。歼 8 系列飞机的研制成功，标志着中国空军进入了第二代战斗机的水平，是我国军用飞机研制的一个里程碑，在我国现代航空工业史上谱写了新的篇章。

但是，被誉为“空中美男子”的歼 8 Ⅱ飞机却美中不足，其起落架故障多、寿命短。

歼 8 Ⅱ飞机的起落架原用 GC−4 钢制造。

超高强度钢 GC−4 的研制始于 1958 年，在“文革”期间就完成了工业生产试制，并用来代替 30CrMnSiNi2A 钢种制造了歼 6 主起落架和强 5 主起落架，取得了飞机减重 12.4 千克的良好效果。

在“十年动乱”中，为了保证研制歼 8 所需新材料，GC−4 课题组根据飞机设计中对钢材质量和规格尺寸的新要求，在富拉尔基北满钢厂进行了直径 300 毫米大规格钢材的试制。采用电弧炉和电渣重熔双联工艺，用 3 吨的钢锭在 2500 吨水压机上生产出了合格的锻件。

GC−4 钢是一种无镍超高强度钢,每生产 100 吨钢可节约 2 吨镍。作为飞机重要的受力结构件的关键材料，它具有高的强度和良好的综合性能，并可根据设计和使用要求的不同，选择不同的热处理规范，拉伸强度为 1765 ~ 1961 兆帕，与美国 4340、D6A 钢相近，比苏联 30ХГСНА 钢的强度高 196 兆帕，适于制造飞机受力构件如起落架、接头、螺栓等。歼 8 飞机上使用 GC−4 钢制造前、主起落架和水平尾翼大轴后，与传统的 30CrMnSiNi2A 钢相比，减轻重量 15 千克，提高了飞机的性能。1976 年 11 月，我国冶金部和第三机械工业部召开会议，通过了对 GC−4 钢的鉴定。

GC−4 钢的研制成功，填补了我国超高强度钢的空白，是一件了不起的事。

然而，GC−4 钢在实际使用中也发现不少问题，主要是冶金质量不稳定。112 厂多次向航空部反映，GC−4 钢经常发生韧性指标不足,尤其是冲击韧性值经常不合格,且生产中经常出现原材料缺陷(如点状偏析、粗晶等)。由于起落架设计为焊接件,GC−4 钢焊接性能差，批生产中造成零件报废较多，仅活塞杆的废品率就达 10%，起落架轮轴、活塞杆、扭力臂多次在外场出现裂纹等故障。

空军驻 112 厂军事代表室反映：GC–4 钢冶金质量一直不过关，问题多。GC–4 钢制起落架发生多次重大质量问题，造成停飞停产。1980 年 3 月 28 日，一架飞机飞行 119 个起落计 78 小时 49 分后，发现起落架活塞杆出现 21.5 毫米裂纹。普查发现，活塞杆生产件裂纹 8 件；1990 年 8 月 17 日统计，起落架存在 18 项问题。多架飞机机轮半轴有裂纹，扭力臂几乎 95% 产生裂纹，造成派人到部队从 0 批开始的全部飞机进行排查，以排除故障。

起落架是飞机的重要承力部件，其重量约占飞机总重量的 5% 左右，同时又是飞机故障及事故率最高的部件之一。

起落架承受着飞机起飞、着陆撞击、刹车、转弯、发动机试车、停机的各种载荷。这些载荷不仅有持续的静载，也有很大的冲击载荷和振动载荷。因此，世界上 95% 以上的飞机起落架都用超高强度钢制造。原因是超高强度钢具有超高强度和很高的疲劳强度，可做到起落架体积小、重量轻、寿命长、使用可靠。

在美国，90% 以上的军、民用飞机起落架都用 300M 钢制造，并且还被其他国家引进使用。可以说，300M 钢是世界上使用强度最高、综合性能最好、使用最广泛并受到赞誉最高的飞机起落架用钢。

300M 钢是美国国际镍公司于 20 世纪 50 年代初在 4340 钢基础上添加 1.5% 左右的硅而发展起来的新型超高强度钢。这种钢最大的优点是强度高、韧性好、疲劳强度高。经过多年研制和试验，美国于 1965 年正式将其用于制造飞机起落架。

发达国家的起落架由于选材强度高、制造工艺先进、设计精细，已达到与飞机同寿命的水平，其最高规定寿命为 5000 飞行小时。进入 20 世纪 80 年代后，尽管我国航空工业已取得巨大成就和发展，但与国外先进技术相比，飞机起落架技术还处于落后状态，集中表现为寿命短、可靠性差、故障多，是我国航空制造工程的一个“瓶颈”。当时，国内一副起落架的使用寿命仅为 200 ~ 500 小时，有的甚至使用几十小时就出现裂纹，为此，一架飞机不得不准备几副起落架。不言而喻，飞机起落架寿命短，质量问题多，必然影响飞行训练和飞行安全。

起落架技术落后，已成为制约先进飞机设计和使用的重大航空工程问题。

尽快改变这一状况，是我国有关部门和从事设计、材料和工艺研究人员的责任。

立项研制 300M 钢

为解决起落架这一难题，时任航空部科技局副局长、主管材料处的刘多朴提出了“借鉴 300M 钢，搞一个备份钢种，以备在万一 GC–4 钢支持不住时作为替补拿上去”的应急方案。根据刘多朴“一个口袋装 GC–4，一个口袋装 300M 变种”的想法，1979 年 12 月 31 日，在航空部科技局材料处的大办公室召开了新钢种立项大会。621 所、601 所、112 厂奉命参加，同时还邀请了冶金系统领导机关和抚顺钢厂等单位参加。会议决定，立即启动新型超高强度钢的研制。由 621 所牵头（组长单位），112 厂、抚顺钢厂、601 所参加。

新钢种的技术指标完全套用 GC–4 钢的指标，化学成分按 300M 试制。

621 所的新钢种（300M）研制组也相应成立，由宋宇文任组长，古宝珠和沈孟芳为参加人。工作了一年多，抚顺钢厂没有试制出合格材料。

在 1981 年年底、1982 年年初，经冶金系统和 621 所课题组协商，决定“理顺”新钢种的试验，因为 GC–4 钢的指标中有冲击韧性的要求，而 300M 钢则没有此项要求，还有低倍组织的标准要求差别大。大家的倾向是转为全仿 300M 钢。

如何全仿？经研究决定，按麦道公司标准（DMS–1935）和美军标（MIL–S–8844C）仿制一个 σ_b 为 190 ± 10 千克 / 毫米^2 的 300M 钢。

确立全仿的方针后，课题组工作的重点仍是全力调整冶炼参数，并取得了一些进展。但由于在高纯炉料和加大锻比两个关键问题上认识不足，一直难以获得突破性进展。

1982 年，621 所课题组负责人宋宇文因工作调动，负责人换成古宝珠。古宝珠后又奉命赴北京航空学院进修英语口语，准备参加教育部举办的 EPT 考试，遂将课题组事宜呈交时任研究室主任的田世藩另行安排。

刺手的玫瑰

毋庸置疑，研仿 300M 钢将有助于发展我国起落架用新钢种。

从 1980 年仿制工作在抚顺钢厂拉开帷幕至 1983 年，历时 3 年多，炼了 19 批 104 吨钢。经检测，抗拉强度基本达到美国军标，可韧性、塑性始终达不到美国军标。

对此，有人感叹：要是有美国炼 300M 钢的工艺技术资料就好了，就用不着这么折腾了。

实际上，新中国成立后，美国就一直对我国进行长期的经济制裁、技术封锁。超高强度钢是制造先进设备、武器的重要材料，它是一个国家钢铁工业技术水平的标志，属于材料科学前沿和研究热点。美国岂能让别国知晓！

没有捷径可走，怎么办？是知难而进，还是就此作罢？

作为课题牵头单位的 621 所决定另组人马继续攻关。

可由谁来牵这个头呢？

三室主任田世藩思来想去，一个最佳人选进入了他的脑海，此人便是赵振业。

田主任深知，赵振业是个想干事、会干事、能干成事的人。因为他刻苦钻研、好学上进，入所没几年就在同时来所工作的大学生中脱颖而出，成为室里的技术骨干，并参与研制成功 GX-8 不锈钢，主持研究成功 GC-19 中温超高强度钢。他知识面广，具有很强的责任感和事业心，工作态度严谨，有主见，对一些问题有独到的见解，技术比较全面，从合金成分设计到零件使用条件，方方面面他都很清楚。

1983 年 8 月的一天，主任把赵振业请到办公室，请坐，沏茶。

主任面带微笑地说："振业呀，今天把您请来，是有项重要任务交给您，这项任务就是国防科工委下达的《飞机起落架用新型超高强度钢 300M 应用研究》课题。"

"这个课题经过几年的努力，已经取得了一些成果，但还有些技术难题要攻克，希望您挑起这副担子，实现课题的最终目标。"

赵振业开始犹豫了一下，因为他手头正忙于中温超高强度钢课题的收尾工作，但最终还是答应了。

中途接手，摆在赵振业面前的并不是唾手可得的桃子，而是带刺的玫瑰。

赵振业感到肩上的担子沉甸甸的。使命无上光荣，责任重于泰山。

和所有胸怀报国之心的中国知识分子一样，赵振业骨子里有一种不甘落后、知难而进、以苦为乐的优秀品质。

"既然组织决定让我负责，就一定要全身心投入，不干则已，要干就要干好；外国人能做到，相信经过努力，我们也能做到。"

熟知赵振业的人都了解，他有着“严谨、刚毅、耿直、倔强”的鲜明个性，只要决定了要干的事，就一定能办成做好。

1983 年 10 月，赵振业投入了课题研究工作。他不分白天黑夜、上班下班，查阅了大量有关 300M 钢的资料，了解国内外起落架生产的工艺技术，分析国内起落架产生裂纹、断裂的原因。

赵振业在广泛查阅国外资料中发现，国外先进起落架技术有四大特点：

一是选材强度高。为减轻设计重量，先进起落架都用最高的低合金超高强度钢制造。为提高性能，达到稳定可靠使用，采用真空熔炼钢，纯洁度很高，尤其是杂质硫含量低至 10ppm 水平。

二是制造技术先进。先进起落架都采用先进的工艺技术以求达到高寿命。这些技术包括：

（一）机械加工技术。300M 钢制件采用小切削量加工，磨削时每道吃刀量仅为 0.01 ~ 0.02 毫米，表面粗糙度低。美军标规定磨削表面应经酸浸检查合格。

（二）热加工技术。300M 钢零件均采用实心整体锻件，取消了焊缝，多用可控气氛淬火，标准规定表面脱碳层深度不超过 0.075 毫米，近年又发展了真空淬火技术。

（三）表面强化技术。美军标规定拉伸强度超过 1400 兆帕的钢件和电镀件必须喷丸强化，以提高零件抗疲劳性。

（四）表面防护技术。普遍采用镀层 + 涂漆双层防护体系。镀层包括松孔镀镉、低氢脆镀镉 – 钛及真空镀镉、铝等。

这些技术不仅赋予零件优良的性能，还保证了零件质量的稳定性和可靠性，同时还使设计意图得以实现。

三是设计技术先进。发展了 CAD/CAM/CAE 技术，零件设计做到了结构安全、重量轻、紧凑、艺术。

四是寿命长。先进起落架都达到了与飞机同寿命周期，军用飞机达到 5000 飞行小时，民航客机达到数万小时。

相比之下，国产起落架技术处于非常落后的状况。主要体现在：选材强度较低。歼 8 飞机用 GC–4 钢，强度为 1900 兆帕，采用电渣工艺熔炼，纯洁度和综合力学性能不及 300M 钢；制造技术尤显落后，零件加工大多只满足于一般成形和表面粗糙度要求，为追求生产率，采用大切削量且无有效的质量检查控制措施。淬火设备采用甲烷裂解气氛，表面强化工艺基本未采用，表面防护仍为原始的磷化 + 涂漆工艺。寿命低。歼 8 型飞机设计寿命为 3000 飞行小时，起落架第一次寿命仅 200 小时。

看到我国起落架寿命如此之短，赵振业感到了自己的责任。

经过对比分析，赵振业深感要改变国内起落架落后这一状况，不能仅靠材料、设计或制造工艺技术中单一技术进步，而应该综合治理。课题研究内容应包括 300M 钢仿制，应用性能、起落架制造工艺、细节设计改进等在内的系统工程。只有如此，才能达到起落架与飞机同寿命这一世界先进水平。

赵振业做事有一个特点，不打无把握之仗，不打无准备之仗，不仓促上阵，凡事三思而后行。他决定对课题重新论证，重拟技术方案。

于是，他找到一个无人打扰的房间，撰写论证报告和工作大纲。

课题名称为《飞机起落架用新型超高强度钢 300M 应用研究》。课题主要任务：按美国 AMS6417B 和 MIL–S–8844C 标准仿制 300M 钢种；用仿制 300M 钢制造歼 8 Ⅱ主起落架，达到寿命 3000 飞行小时（45000 起落）；提供一整套工艺技术文件。

赵振业之所以提出按美标 AMS6417B 全仿 300M 钢是基于多方面考虑。

第一，300M 钢在美国使用广泛，有关材料标准也多，有军用标准 MIL–S–8844，宇航标准 AMS6417、AMS6419，还有各飞机公司自己的标准，如波音公司标准 BMS–26J，麦道公司标准 DMS–1935 等。仿制用 AMS6417B 标准，是因为它与 BMS–26J 相近，波音公司飞机产量高，300M 钢使用经验丰富，按 AMS6417B 标准，钢的综合力学性能更好，可供借鉴的资料、数据多。

第二，补充标准 MIL-S-8844C 是因为该标准中有非金属夹杂物的金相检查标准，加之 AMS2300 标准有纯洁度检查，两种质量控制对保证仿制 300M 钢成功可提供更高的可靠性。

第三，采用全仿便于达成共识。因为采用哪个标准仿制各人看法不同，在理解上容易产生偏颇，如按军标符合军机目标；按 AMS6419 标准，钢的强度更高；按美标 + 补充要求，则更适合我国技术现状等。全仿目标更明确，可以全力制出与美国一样的 300M 钢。

至于 3000 飞行小时寿命指标，这是赵振业自己提出的。虽然美国人将 300M 钢成功用于起落架，但对于我们，仿制 300M 钢是一种尝试，在歼 8 Ⅱ飞机起落架的现状下，谁也无法预计仿制 300M 钢的起落架寿命会达到多少。

3000 飞行小时指标写不写？当时有的同志认为，将指标写成与机体同寿命更灵活一点，写上 3000 飞行小时就定死了，万一没达到 3000 飞行小时，就意味着课题没完成。赵振业最终决定还是写上，不给自己留退路。他认为，既然要干就冲高水平干，不痛不痒还不如不干。这如同射击和攻击要有目标一样，前进和奋斗也需要目标。目标能鼓舞人、激励人、鞭策人，能使人的行动更有计划、更富有成功。人要干一番事业，就不能没有目标。

论证报告从研究目的、意义、用途及国内外情况的分析，预计存在的主要技术问题及解决途径，到经费概算、协作单位、协作内容以及预计完成时间、各年度预计完成程度，具体而清楚。

在课题工作大纲中，赵振业依据国外先进起落架生产制造方面的工艺技术和质量控制检查标准，结合国内现有条件，拟就了如下技术方案：

一是采用真空感应＋真空自耗熔炼工艺，提纯原材料，控制钢中硫含量在 0.003% 以下，以降低硫化物夹杂总量。锻造开坯时采用镦粗—拔长工艺，确保大规格（直径 300 毫米）钢材锻比。

二是深入研究热处理工艺、材料组织和性能关系，通过对美国材料和国产材料对比分析，掌握标准、工艺、组织和性能特点并开展新的强韧化工艺研究。

三是开展应用研究，掌握各种工艺与性能的规律。

四是用实心整体锻件工艺制造起落架主体件毛坯，用深掏工艺与电解加工工艺制造零件。

五是研究并采用先进的加工制造工艺，如真空淬火、表面强化、表面防护，以及防氢脆（氢脆即溶于钢中的氢，聚合为氢分子，造成高压，超过钢的强度极限，在钢内部形成细小的裂纹或断裂）措施等。

六是改进细节设计，主体构件取消焊缝，改用整体结构等。

由于课题研究内容包括材料研究和应用研究两大部分，赵振业将试验阶段分为材料研制、应用研究、起落架应用三个阶段，并对每个阶段的主要工作量进行了细化，就连完成时间都写得清清楚楚。

在材料研制阶段，明确了冶金工艺及其他工艺研究、全面性能测定、美国材料分析、使用说明书试验和说明书等五个方面要做的具体工作。

在应用研究阶段，要求深入地开展应用研究，掌握材料性能变化规律及影响因素，为设计提供可靠数据。这一阶段的具体工作有 11 项之多。

在起落架应用阶段，明确起落架主要构件外筒、活塞杆、机轮半轴为无焊缝件，主要工作包括起落架细节设计改进、起落架毛坯制造及应用、总结鉴定。

整个课题应用研究的工作内容罗列了 39 项，包括全面性能测定、热处理工艺研究、成分上下限试验、质量控制方法、美国材料分析、变形工艺、微量元素分析、等温热处理工艺、真空热处理、元件疲劳、S–N 曲线、粗糙度与疲劳、应变疲劳、短裂纹、环境疲劳、断裂、低能冲击、组织－性能、腐蚀防护、氢脆、可焊性、机械加工、电解加工、探伤、防锈、漆、表面强化、起落架毛坯模锻、起落架静动疲劳试验等。就连研制费用也细化到每个项目和每个年度。每一名参研人员知道自己要做什么，达到什么要求，什么时间完成。

为了实现课题总目标，赵振业设了 30 多个分课题，承担研制任务的单位涉及航空、冶金、机械三个部委的 12 个厂所院校，分散于全国 5 个省市，仅 621 所就有 10 个研究室直接参研，人数上百。

以往人们进行课题研究都不希望摊子铺得太大，这次赵振业怎么啦？有人对此不理解。

赵振业心里十分清楚，起落架的研制涉及材料、设计、制造工艺等诸多方面，要进行应用研究，是一个先进工艺技术的集合体，专业多、涉及面广，研制攻关只有借助国内设备、技术优势的联合，才能达到既定目标。

赵振业深知“磨刀不误砍柴工”的道理。重新论证、重写技术方案整整花了近半年时间。因为课题论证透了，思路对了，就有了成功一半的把握。在他看来，宁可晚开题也要把论证工作、技术方案做好。

1984 年，经重新论证后，《飞机起落架用新型超高强度钢 300M 应用研究》课题列为国家预研攻关重点项目。

材料研制成功的奥秘

赵振业针对前阶段仿制的 300M 钢塑性、韧性不达标的情况进行了认真分析和研究。

塑性，是超高强度钢最重要的性能之一。它包括纵、横向塑性。

提高塑性的最重要方法是提高纯洁度，降低硫、磷等杂质含量。因此，超高强度钢必须采用诸如电渣、真空重熔以及高纯度工艺熔炼。

韧性，包括冲击韧性、断裂韧性等，也是超高强度钢的最重要性能，它们随拉伸强度提高而降低，并随纯洁度提高而大为改善，也须采用高纯真空熔炼工艺。

纯洁度高，横向断面收缩率则高。硫化物与横向断面收缩率直接相关。沿棒材纵向拉长分布的硫化物，降低了横向断面收缩率，硫化物越少，横向断面收缩率越高。所以，工艺的关键在于降低硫含量。钢锭尺寸小，锻比不够，材料组织不均匀。而高锻比开坯对硫化物破碎有利。

于是，赵振业结合我国熔炼设备和技术现状，提出了“提纯原材料，降低硫含量”和“镦－拔开坯”的工艺路线，经课题组讨论认可实施。

提纯原材料，就是要使原材料的含硫量降到 0.003%；镦－拔开坯，就是提高锻比到 10 以上，解决材料组织不均匀问题。

赵振业在与抚顺钢厂熔炼车间讨论提纯技术时，得到厂工艺技术员侯殿坤的支持并迅速制定了电弧炉和炉外精炼提纯工艺。经过试验，创新了一种提纯原材料工艺路线，硫含量降至 0.002%。

1984 年，抚顺钢厂采用经过提纯的原材料，在引进德国造 6 吨真空感应炉和 7 吨真空自耗炉设备上熔炼了两炉真空 300M 钢，锭重约 6 吨。在引进的 2000 吨快锻机上经两次镦粗－拔长：钢锭经 1200 ~ 1220℃加热后开坯拔长至直径 550 毫米；再经 1115 ~ 1180℃加热后镦粗至直径 800 毫米，再拔长至直径 550 毫米，再镦粗至 800 毫米，最后拔长至直径 300 毫米棒材。这两镦两拔就好比人们揉面一样，使材料获得了均匀的组织。

棒材经抚顺钢厂、621 所、钢铁研究总院检验合格。两炉国产 300M 钢达到了美国标准要求和实物水平。仿制一次成功，研究取得了突破性进展。

抚顺钢厂在一份材料中反映，赵振业提出并率领课题组进行超纯原材料（精钢材）冶炼工艺、真空感应 + 真空自耗工艺、锻造镦－拔工艺及低倍组织暗斑、偏析缺陷攻关，成功研制出 300M 钢，并达到美国材料实物水平。"九五"期间，他们厂将 300M 钢工艺路线及技术成果推广应用于超纯度、超韧性、超细化的钢种，并已生产达到世界先进水平，形成了适合我国国情的研究发展高纯、超纯航空超高强度钢冶金技术路线和体系。

课题组讨论有关问题（中）

300M 钢仿制成功后，赵振业又开始钢的组织结构和强韧化机理研究，他的合作者是 621 所钟炳文。钟炳文是低合金钢组织结构电镜分析专家，北京航空航天大学、西北工业大学等单位科研人员都喜欢到他那里做试验，接受点拨，并且总能满意而归。他们的研究集中在 300M 钢淬火、回火后的组织结构，析出相和残余奥氏体。研究结果揭示了马氏体相变特征，晶粒的分割细化及板条束结构；析出的 ε－碳化物与马氏体基体的取向关系；残余奥氏体的分布、形态、尺寸与马氏体的取向关系，认识了 300M 钢的微观组织与力学性能的关系。两个人的融洽合作和浓厚兴趣又引发了 3 个后续研究：

（1）马氏体相变中的位错结构。特请北京航空航天大学赵敬世老师在电镜拉伸台上做了连续性观察。

（2）残余奥氏体的动态定量测定。特请西北工业大学马世良等老师研制了一台测量装置，用这台装置测出了第一条试样拉伸过程中残余奥氏体转变量变化曲线。

（3）韧性与组织结构的关系。借助武汉钢铁公司中心实验室的示波冲击设备，研究了冲击试样在三支点慢弯曲条件下断裂破坏中的裂纹起始功、扩展功、弹性功、塑性功及其全过程曲线，深化了对力学行为的认识，其研究成果撰写的论文在第五届材料力学行为国际会议上受到了好评。研究了冲击韧性、断裂韧性的区别及组织结构本质。研究结论深化了当时世界上对冲击韧性和断裂韧性两种韧性的“研究潮”及赵振业自己对“研究热”的认识。为了对钢的力学行为的物理进行本质研究，又专门请北京航空航天大学唐振廷老师研制示波冲击装置，建立了试验方法，提高了研究深度和水平。

赵振业与钟炳文还合作研究了300M钢的等温热处理组织结构及强韧化机理，对低合金钢等裂纹热处理又有了新的见解。

GC-4钢起落架甲烷裂解气氛加热淬火处理曾给人们留下深刻印象。300M钢真空热处理是抗疲劳应用技术之一，是一个研究重点，也是第一次尝试。合作者621所刘忠秋投入了几年的精力和辛勤劳动，研究涉及真空淬火设备、工艺、表面状态、力学性能、氢脆行为等。研究不仅证明了真空淬火对300M钢性能具有保障作用，而且开启了飞机起落架真空热处理时代。为了研究真空淬火后表层的组织和性能，621所华文君还专门试验了一种表层硬度弦法测定方法，用以获得准确的硬度数据。氢脆是超高强度钢及其构件的“癌症”，人们可以做出理论推测，但无法控制其发生，氢脆的产生有时可以造成灾难性事故。采用超高强度钢构件，氢脆问题时时挂在人们心上，因此必须采取有效的预防措施，而且贯穿在每个研究和工艺程序中，如钢的组织设计、熔炼与加工制备，热处理工艺、构件制造、防护等，真空热处理是最有效的预防氢脆的工艺之一。

开拓应用研究之路

提起长寿命起落架，人们常常就会想到 300M 钢，认为长寿命起落架由 300M 钢而来。的确，300M 钢的综合性能好，相关技术可以保证其性能的稳定性。但是，殊不知，抗疲劳应用技术对起落架寿命的贡献并不比 300M 钢本身小。

300M 钢应用研究是实现起落架长寿命目标的创新！材料应用研究，应该说它既是理念创新，又是技术创新。

理念创新，是说在材料研究中必须建立材料研制和材料应用研究两个理念。两个理念并不是一回事，材料研制是开发 300M 钢的固有性能，材料应用研究是赋予 300M 钢特定的服役性能。而技术创新，是指 300M 钢研制技术和 300M 钢用作起落架的技术，是两套不同的技术。这两种创新是起落架长寿命的基础。300M 钢具有优良的综合力学性能，抗拉强度高于 1860 兆帕，冲击韧性 60 焦 / 厘米^2，断裂韧性 70MPa $\sqrt{m}$以上，拉－拉疲劳强度（理论应力集中系数 K_t=1）1150 兆帕以上，用它来制造起落架可以实现体积小、重量轻、长寿命和高可靠性。

300M 钢的使用目标是飞机起落架。起落架是飞机最重要的承力构件，直接关系到飞机的安全使用。乘坐飞机的人最担心的事情之一就是飞机降落时起落架放下后能否撑得住。

起落架要求的最主要使用性能就是疲劳强度。300M 钢固有的高疲劳强度能否满足起落架使用要求呢？经试验发现，300M 钢有一个明显的弱点，就是疲劳强度应力集中（材料在交变应力作用下发生的破坏称为疲劳破坏。通常材料承受的交变应力远小于其静载下的强度极限时，破坏就有可能发生。另外，材料会由于截面尺寸改变而引起应力的局部增大，这种现象称之为应力集中）敏感。起落架活塞杆中螺纹部位（K_t=5）疲劳强度只有300M钢固有疲劳强度的20%，起落架其他构件的不同部位疲劳强度也都有显著降低，不能满足使用要求！也就是说，有了好材料不一定就能做出高性能起落架。解决的办法不外乎两种：第一，增大构件尺寸和重量。起落架是飞机的一个独立系统，不参与飞机的结构性能，但却决定了飞机的使用安全。打个比方说，起落架在飞机上就像妈妈背上的一个小孩，是个多余的重量，却是一个命根子。所以，起落架是越轻越好。显然这一办法不可行。只能采用第二种办法，那就是抑制疲劳强度应力集中敏感，提高疲劳强度。

从1986年起，各项应用研究在621所各实验室及有关单位紧张地进行。621所提出了材料全面性能测试要求，并发出了“300M钢材料元件性能试验任务书”和试件图样。

抗疲劳细节设计分课题由601所负责。刘德万、杨树勋、张国良、邵永启、张淑兰等同志在材料、结构、强度各专业相互配合。主要完成三个方面的研究：一是起落架整体结构设计，取消焊缝；二是细节设计，降低应力集中水平，改进缓冲器；三是实测载荷谱。

整体制坯分课题由621所压力加工专业白富真同志负责，112厂负责锻件设计，陕西148厂、德阳二重负责模具设计和锻件加工。宦洪源总工程师等亲临现场，促生中国第一副整体起落架锻件。

控制机械加工分课题由112厂工艺研究所负责，佟素芬同志精心研究3年多，提供了大量试验数据。所谓控制机械加工，就是从整个切削工艺流程中控制参数，保证构件表面完整性。以区别于常规的切削工艺。回火酸浸检查是621所传授给112厂的一种磨削加工表面质量控制检查方法，在国内是首次用于起落架。

开始进厂时着实让人担心，因为对氢脆敏感的300M构件磨削后放入酸槽浸泡有违常理，冯玉书同志专门研制了标准试块，使该项工艺得以完善。

课题组在沈阳（中排左二）

表面喷丸强化是使用多年的工艺方法，它能有效地提高疲劳强度，经621所李相斌等同志系统研究后首次进入起落架制造工艺技术体系中。

制孔是飞机构件最重要的工艺之一，疲劳失效最常见于从孔边开始，621所宋德玉研究员研究的挤压强化工艺可以十分有效地提高孔的疲劳强度，这一工艺也首次进入起落架制造工艺技术体系中。起落架活塞杆件螺纹处应力集中系数可达K_t=5，疲劳强度只有300M钢固有疲劳强度的20%。采用挤压强化工艺后，疲劳强度恢复约79%。

表面喷丸、孔挤压和螺纹滚压强化工艺可沿构件表面外形造成一个等疲劳强度包络，构件任何部位的疲劳强度都相当于300M钢固有的疲劳强度。

构件服役条件下若想保持实验室性能，需要对表面进行完整防护，将环境条件与构件隔离。对此，621所刘佑厚同志研究采用了无氰电镀镉－钛和刷镀镉工艺，加上陈婉云、赵志芳研制的防护漆和无氢脆脱漆方法，使300M钢起落架处于复合防护之中，实现了这一设计要求。

10多种工艺创新，实现了赵振业设计的长寿命起落架技术体系，即整体锻件与热工艺技术体系；抗疲劳机械加工技术体系；表层组织再造改性技术体系；表面完整复合防护技术体系；低应力集中细节设计技术体系。

在300M钢全面性能研究和应用工艺技术研究的基础上，开始进入非标准元件试验研究阶段，对单耳片、双耳片、螺栓等的疲劳评价研究，为起落架应用奠定了基础。

实现起落架长寿命

1988年，用300M制造歼8Ⅱ飞机主起落架的战斗在112厂打响。这是300M钢抗疲劳应用技术的工程化生产验证。负责这个分课题的是112厂的胡江海同志，他全面协调着全厂的各技术环节。各相关工艺部门以及总冶金师、总工艺师、副总工艺师全都给予关心和支持。那是个为国家项目开绿灯、人人上阵的年代，所涉及的工序都得到极大的关心和保证。

在整个起落架制造中责任最重的还是起落架车间，车间主任盖克翥、工艺员徐永庆是直接责任者。起落架的材料变了，起落架的制造工艺变了，制造加工的理念、环境也变了，每次切削结束都必须浇防锈切削液，安放构件都改用了木架。至今，赵振业还念念不忘盖主任这位老朋友，长寿命起落架的功臣。徐永庆那时年轻、实干、默不作声，总是一副笑模样。他逐道工序地编制文件，把工艺说明书变成工艺流程单，还把加工好的构件运到沈阳金属研究所去测表面应力。

起落架构件从一个工序流到另一个工序，从一个车间流到另一个车间；112 厂的工艺员、601 所的设计员、621 所的科研人员从一个工序、一个车间走向另一个工序、另一个车间，那里人们总能见到赵振业的身影。

在起落架制造中，贵阳 130 厂负责真空淬火处理。周萍兴同志负责这个分课题，每次热处理都要将构件从沈阳空运到贵阳，再空运回沈阳，每次跟产队伍浩浩荡荡，颇为壮观。航空部仅有的一台可用于起落架淬火的大型真空炉，为 300M 钢起落架构件试验积累了宝贵的数据。

300M 钢和抗疲劳制造工艺文件顺利通过了生产验证，起落架按设计图装配起来了！

1989 年，300M 钢起落架疲劳试验正式开始，这是对整个研究工作的考评，上上下下十分关注。

起落架试验分课题由 601 所负责，杨树勋和邵永启主持。试验内容包括静力试验、落震试验和疲劳试验。静力试验、落震试验在 112 厂进行，疲劳试验移至哈尔滨 122 厂进行，试验装置由王高山同志设计。疲劳试验装置分 6 个通道加载，计算机采集数据，视频监控。试验装置调试基本完成后，准备提供试验评审。

赵振业花了很大精力思考如何才能保证试验成功。他了解了试验装置的控制与记录，应变片的粘贴，载荷谱，还安排了裂纹的观察，甚至对首次发现裂纹起始者的同志给予奖励。在试验装置评审前，他又将注意力集中到了载荷的校正和检测上。当他得知试验系统采用静载校验时，便提出用动载校核复查，并专门请来 621 所的瞿林楠做检查，果然发现 6 个通道中有 3 个通道加载有误差，1 个通道载荷误差达 50%，2 个通道达 10% 以上。经过更换传感器和部分零件后，试验系统通过评审。这一疲劳载荷校验方法受到设计和试验单位高度评价。随后，赵振业又建议在北京 301 所立了一个专项，瞿林楠与601所、611所、112厂等疲劳试验单位人员共同研究后，建立了动载检测标准，在航空系统推广应用，以保证试验数据可靠。

预鉴定会代表合影（后排左一）

疲劳试验开始了。赵振业站在起落架旁，心随着起落架摆动着。邵永启看出了他的紧张，笑着说“不必担心！”这时，赵振业最关心的事又转为“起始裂纹”，因为这对起落架疲劳寿命至关重要。监控方案中曾采用了多种方案，也都在关键危险部位贴了应变片，但毕竟影响因素很多。经过商议，又补充了全面目视检查周期。

哈尔滨的冬天冰天雪地，疲劳试验现场却热气腾腾。试验按照邵永启几年辛勤劳动提供的“实测载荷谱”进行着。随着起落架试验机有节奏地响动，寿命记录有规律地升高：

第一个目标3000飞行小时（27000起落）达到了！

第二个目标5000飞行小时（45000起落）又实现了！

在场人员欣喜若狂。因为这不是一个简单的目标，这是世界最高水平！

下一步怎么办？赵振业决定将试验继续做下去，增载30%继续试验，试至6000飞行小时（54000起落）起落架仍未“起始”裂纹，只好停止试验。

当获得长寿命试验结果传到601所后，航空部飞机局的飞机疲劳与断裂设计（AFFD）组组长贾国荣感慨地说："我们多年的目标终于让你们实现了。"

万事俱备，只待装机进行飞行试验了。这是最后一关！总装备部飞机局、航空部科技局、621所、601所、112厂及空军驻厂军事代表室都认可试飞安全，但112厂主管技术的副总经理还是不放心。午夜的钟声早已响过，1点，2点……协调会还在进行中。总装备部飞机局副局长马俊杰再次讲了试飞的必要性、可靠性，以及总装备部的支持意见，航空部科技局材料处处长刘才穆提出，如不能达成共识，请112厂主要领导天亮后一起去见何文治副部长。朱炳良副总经理终于签了字。赵振业至今难忘朱副总经理的认真负责精神和对课题的支持，难忘总装备部、航空部领导的正确决策和协调作用。

1990年8月，一个阳光灿烂、蓝天如洗的日子。在某机场，一架安装300M钢起落架的歼8 II飞机，在跑道起飞线上凝视着前方，张翼待飞。

只见一颗绿色信号弹划过天空。发动，滑行，加速，战鹰腾空而起，直冲蓝天。

爬升，转弯，盘旋，侧飞，低速通场，随后慢慢降低高度，起落架撞击地面后，稳稳地降落在跑道上，试验取得圆满成功。

在场的人们报以热烈的掌声，握手，拥抱，机场一片欢腾。作为300M钢应用研究课题总负责人的赵振业更是激动不已，久久难以平静。

多少艰辛与努力，多少坎坷与奋斗，多少年的追求，今天终于有了满意的结果。

这一天，标志着我国达到国际先进水平的起落架研制成功了！

这一天，意味着我国起落架短寿命的历史结束了！

1990 年 12 月 27 日，在起落架疲劳寿命达到3500 飞行小时后，航空航天工业部、冶金部组织专家对《飞机起落架用新型超高强度钢 300M 应用研究》项目进行了科学技术成果鉴定。鉴定组认为，300M 钢应用研究达到了规定的指标，完成了课题研制任务。国内研制的 300M 钢在使用性能上优于迄今使用的各种国产起落架用钢。缺口圆筒元件按歼 8 飞机实测载荷谱进行疲劳试验，达到 5000 起落不损坏的长寿命，为改进型和新机设计提供了较为完整的系统设计和寿命估算数据，提高了设计和寿命估算的准确度和可靠性。根据歼 8 Ⅱ飞机起落架抗疲劳细节设计，系统地研究并应用了整体锻件、真空淬火、控制机械加工、酸浸检查、表面喷丸强化、孔挤压强化和低氢脆无氰镀镉—钛和涂漆防护体系等七项先进制造工艺技术和相应的质量控制，成功地制造歼 8 Ⅱ飞机主起落架，使制造技术基本达到了国外同类产品水平，处于国内领先地位。在国内首次使国产起落架与飞机机体同寿命，达到了国际先进水平。制造的起落架可用于歼 8 Ⅱ飞机，并可推广应用于其他机种的起落架。

长寿命主起落架

鉴定组认为，300M 钢及其他应用研究中的某些工作，在“八五”期间应继续列项进行深入研究，并建议每年继续投产一定数量，以进一步稳定生产工艺技术，为转入小批量生产和在歼 10、歼 8 Ⅲ等飞机上的应用创造条件。

在鉴定会上发言

获科技进步一等奖

1991 年，300M 钢应用技术荣获航空航天工业部一等奖，赵振业荣立一等功。

1992 年 11 月，《飞机起落架用新型超高强度钢 300M 应用研究》获国家科学技术进步一等奖。赵振业名列这个奖项的第一位。

需要一提的是，《飞机起落架用新型超高强度钢 300M 应用研究》这个项目的评审组长叶正大。

叶正大是新中国培养的第一批航空专家，1955 年毕业于苏联莫斯科航空学院飞机制造系，同年回国。历任沈阳第一飞机设计室主任设计员、副主任设计师、国防科技工业委员会副主任，参与了5种型号飞机设计、研制的组织工作。1988年被授予中将军衔。当他得知长寿命起落架研制成功，非常兴奋，对这一应用研究成果给予了高度评价。他认为，这是创造性地解决了长期未能解决的重大科学技术关键问题，实现了我国战斗机长寿命起落架重大工程目标，是跨越性的技术进步。

推广应用

1992年3月，航空工业总公司立项，选用300M钢研制歼8 III型飞机主、前起落架。在材料研制评审会上，601所黄季墀副总师果断决策，从仅有的200万元科研经费中拨出150万元用作前起落架的研制。说起前起落架研制，赵振业十分佩服张国良和杨树勋同志，他们一个是从事结构设计，一个是从事强度计算。前起落架的研究难点主要是取消焊缝，将轮叉改为整体结构。两位设计师勇敢地承担了修改设计的任务。修改后的整体设计图，采用抗疲劳制造技术体系制造出的前起落架，

长寿命前起落架

疲劳试验达到5000飞行小时不失效而停试，达到了世界最高规定寿命。我国从1965年开始歼8起落架设计以来，宁可改主起落架设计，也不敢改的前起落架，在两位设计师手上变成了整体结构，实现了长寿命。

1995年年底，经过4年的努力，实现了前起落架长寿命目标，并于1996年12月21日进行了鉴定。鉴定委员会认为：

航空工业总公司下达的歼8 Ⅲ飞机新材料、新工艺技术攻关重点课题，经过4年的艰苦工作，达到了合同书规定的技术指标和验收标准，全面超额完成了课题研制任务。

选用300M钢的歼8 Ⅲ飞机前起落架采用整体结构设计，避免了分段焊接对强度的削弱及焊缝缺陷可能存在的隐患，显著提高了使用的可靠性和长寿命。轮叉零件结构设计有创新。

300M钢制造前起落架在以下关键技术上有创新：首次试制成功前起落架整体锻件，消除了低倍粗晶；首次使用起落架零件内表面喷丸强化，提高疲劳极限约40%；首次螺纹滚压强化提高了疲劳极限约70%；低氢脆刷镀镉工艺首次确保起落架零件表面得到全面保护，其低氢脆刷镀镉溶液达到国际同类产品水平；首次制备了回火酸浸检查用标准试块；首次采用整体构件机械加工和表面机械打光工艺。项目通过设计、材料、制造、试验和功能考核的研究，使歼8 Ⅲ飞机前起落架首次实现了与机体同寿命，达到了国际先进水平。

鉴定委员会建议，课题组继续有关300M钢长寿命起落架的功能考核和数据积累，推广应用于其他机种。

安全服役

1991年，首批3架歼8 Ⅱ飞机装着300M钢主起落架正式交付空军使用，至今22个年头无故障。1996年起装300M钢前起落架的歼8系列飞机正式服役使用，至今也无任何故障。有一次，一架歼8 III飞机从沈阳转场，在阎良机场着陆时冲出跑道，飞机损坏，但起落架完好无损。

空军驻112厂军事代表室反映，300M钢起落架采用10多种新工艺，经10多年生产和部队使用飞行，寿命长、安全、可靠，未发现问题。为部队使用、为国防建设出了力。

1996年，在检查服役使用飞机起落架无故障情况下，601所、621所、空军共同制定并由601所发布，300M钢起落架第一返修期定为1000飞行小时。

如今，长寿命起落架已推广应用到歼8系列、歼10、歼11、国产直升机等10多种先进飞机、直升机型号，展现着中国自主产权的长寿命起落架的风采，同时取得了重大的科技、军事、经济和社会效益。

奇迹的背后

《飞机起落架用新型超高强度钢300M应用研究》课题，经1984年重新论证，列为国家重点科研项目。历经了材料研制、应用研究、起落架制造生产到装机飞行全过程，得到了一整套技术文件和资料。前后花了13年时间。

起落架由原来的几百小时，到与机同寿达到3000小时以上，这不能不说是一个创造。

从原来服役几十小时开始出故障，到安全服役至今22年无故障，这不能不说是一个跨越。

从原来25年制造不出合格的起落架，到寿命超过世界最高规定，这不能不说是一个奇迹！

在长达13年的研究历程中，课题组得到上至总装备部、航空部、冶金部、机械部领导，下至管理机关、参研单位各级领导的关心和支持，充分体现了领导机关的决策和协调作用。赵振业感慨地说，那是一种管理理念和风格。13年中，总装备部、航空部没有要一份汇报总结。他们总是亲自出席课题组的技术讨论会、一年一度的阶段总结会，从会上把课题研究情况了解得一清二楚，在会上下达领导的决策和指示；他们支持课题组长的技术决策，主动解决运行中的难题，把技术关键、进度节点把握得恰到好处。赵振业十分称赞总装备部和航空部科技局局长刘多朴高瞻远瞩的立项决定，十分称赞航空部科技局材料处、冶金部军工办材料处在协调课题运行中的突出作用和贡献。

在长达13年的研究历程中，赵振业付出的心血与汗水比任何人都多，这是不争的事实，也是大家有目共睹的。

思路决定出路。赵振业在制定应用技术研究方案时的主要思路十分明确，那就是综合治理。即通过设计、材料、制造诸多方面采用先进技术，最终达到起落架与飞机同寿命目标。技术方案的基本原则是保证零件表面完整性，解决300M钢疲劳强度应力集中敏感问题，充分用好300M钢的优良性能，最终达到起落架长寿命。

研究课题是一个庞大的系统工程，研究人员是一个庞大的团队。赵振业严格执行科研程序，使研究全过程的各个环节紧密配合，使每一环节，每个人的工作都循着既定方向和既定方法进行。多年课题研究实践使赵振业对科研程序了解得比较透彻。因此，他把要达到的技术水平、软硬件等目标指标化，实行严格的过程控制，确保技术方案能严格地贯彻实施。

在过程控制中，技术传递机制概念清晰而坚定。赵振业充分发挥专业研究所的骨干核心作用；运用网络分析方法把整个课题按阶段、子课题、时间等进行分解，以网络图计划形式发给各成员单位进行统一管理；突出落实技术关键，充分发挥研究所、高校、工厂各自的专业特长，落实各自的任务，将技术成果有序地由研究所移植到工厂。

在整个研究中，赵振业运用高超的领导艺术和协调能力，采用科学的系统工程管理方法，使研制工作有条不紊地按照预定技术方案进行。使课题组成为一个团结、协作、拼搏、创新的集体。

赵振业对研究质量非常重视，工艺达不到要求不行，性能上不去不行，没达到美国标准不行。他经常下厂跟产，掌握第一手研究资料，凡是技术关键他必亲临现场，马不停蹄奔波于四川、贵州、陕西、辽宁等地，对既定目标坚定不移。

在材料的研制中，有人对美国标准修订版本存有异议，对赵振业提出的硫含量比美国标准低得多有异议，对两镦两拔开坯工艺有异议……赵振业总是从全局出发，从实现课题目标着想，说服他人，咬定目标不放松。

热处理工艺研究中，有人对采用真空淬火，放弃保护气氛有异议，对不研究、不采用焊接工艺有异议，对放弃简单的磷化 + 涂漆工艺，研究镀镉 - 钛 + 新型防护漆有异议……他却坚定不移。

赵振业再三叮嘱课题组人员一定要把好每一道质量关。一次，他在贵州出差，接到课题组在沈阳跟产的叶武俊电话，反映构件加工表面粗糙度有问题，他马上买火车硬座票从贵州直奔 112 厂。又一次，因发现一个小小问题，他硬是把已装机的起落架拆下来重新检查，对工作的认真严格近乎苛刻。

300M 钢应用研究课题涉及面之广、参研人员之多，是 621 所建所以来前所未有的这么一个庞大的课题组，有大量的组织协调工作。工作中，赵振业以其真诚合作精神和对科研认真负责的工作态度，感动和影响着大家，因此各方面的关系非常融洽，大家合作得非常愉快。

在整个课题研究过程中，赵振业始终做到科研经费公开透明。他常对大伙说，科研经费都是工人、农民用血汗换来的，来之不易。上级拨下来的科研经费要全部用在科研上，国家花了这么多钱，不把它搞成功，对不住国家，也对不起自己的良心。

在航材院科技档案室里，300M钢应用研究资料多达几十盒，从论证报告、研究大纲到材料研制、应用研究，从起落架制造到各项试验、鉴定材料，都有详细记载。这些材料正是这一课题获得成功的基础所在。

第六章

创新应用基础理论

“无应力集中”抗疲劳概念

在现实生活中，疲劳现象比比皆是。如人会因为过度疲劳而出现乏力、头痛、身心疲惫，甚至“过劳死”；马会因为长途奔跑超出生理极限，突然倒地。同样，飞机、轮船、铁桥，这些没有生命的结构物体，同样存在“疲劳”问题，也会因过于“疲劳”而“死”。雄伟坚固的大桥突然倒塌，富丽堂皇的巨轮突然断裂，硕大先进的客机突然失事，其罪魁祸首皆因“疲劳”。“疲劳”引发的灾难触目惊心。1954 年，有两架英国制造、世界上最早的喷气客机“彗星”号，由于压力座舱出现疲劳，先后自高空坠入地中海，机上人员无一幸免。1979 年，美国一架 DC-10 运输机的发动机连接件发生疲劳，在芝加哥坠毁，机上 271 人全部罹难。1970 年 7 月 16 日，我国一架军用直升机由于螺旋桨轴颈疲劳断裂，在空中突然失事，机上 7 人无一生还。

飞机每次飞行，都要反复受到载荷的作用，当使用到一定年限后，所积累的损伤就会导致破坏。对于这种结构疲劳破坏所引起的重大灾难，早在 20 世纪 40 年代末就引起了世界科学界的关注，大量人财物力开始投入到对“疲劳”的研究中。疲劳破坏、可靠性设计，成为工程、机械设计中的一个突出问题。

赵振业带领他的团队花了 13 年时间研究成功 300M 钢长寿命飞机起落架，达到并超过国外同类起落架最高规定寿命，可谓自主创新、实现跨越发展的典范。其成功的奥秘就在于研究并提出一种“无应力集中”抗疲劳概念，即不同应力集中构件具有无应力集中时材料固有疲劳强度，并建立了理论模型，揭示了微观机理。

赵振业从疲劳理论的原理出发，本着实现起落架长寿命目标，研究300M钢疲劳行为和规律，发现了疲劳强度应力集中敏感特性和规律。300M具有很高的抗拉强度和疲劳强度，但疲劳强度应力集中敏感，如理论应力集中系数为3时，疲劳强度降低约50%，应力集中系数为5时,疲劳强度降低约80%。应力集中系数是形状因子,设计、加工、服役都会带来应力集中系数值变化，形状越复杂，应力集中系数值越高，疲劳强度降低越大。这一研究抓住了300M钢的弱点或要害。

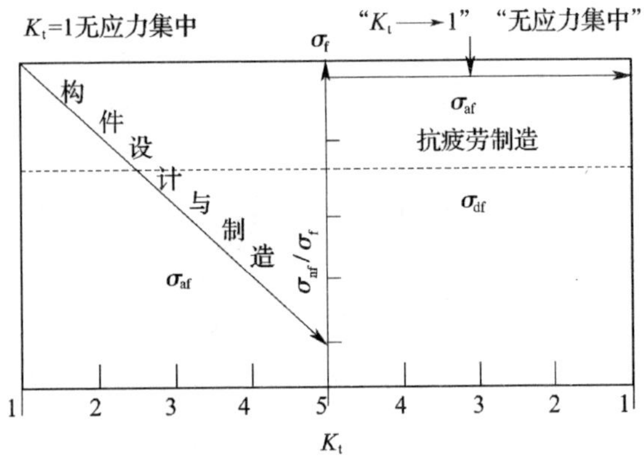

“无应力集中”抗疲劳概念模型

随后，赵振业及其合作者又研究了抗疲劳应用技术，掌握了疲劳强度应力集中敏感变化规律和抑制方法：随应力集中系数值增大，300M钢疲劳强度降低很快，但采用抗疲劳应用技术后，疲劳强度回复也很快，而且应力集中系数值越大，回复值越高。如螺纹构件应力集中系数值为5，采用抗疲劳工艺加工后，疲劳强度回复79%。这一研究结果抓住了提高300M钢构件疲劳强度的诀窍。

“无应力集中”抗疲劳概念指出，应力集中对构件疲劳强度起决定作用，从而引导人们关注“应力集中”问题，创新抗疲劳应用技术，实现构件长寿命、高可靠。这一理论不仅为300M钢起落架实现长寿命所验证，为300M钢起落架从1991年服役至今无一故障的高可靠性所验证，还为40CrMnSiMoVA钢起落架寿命由200飞行小时提升到3000飞行小时不失效，高合金超高强度钢AF1410飞机平尾大轴实现长寿命和服役高可靠性所验证。

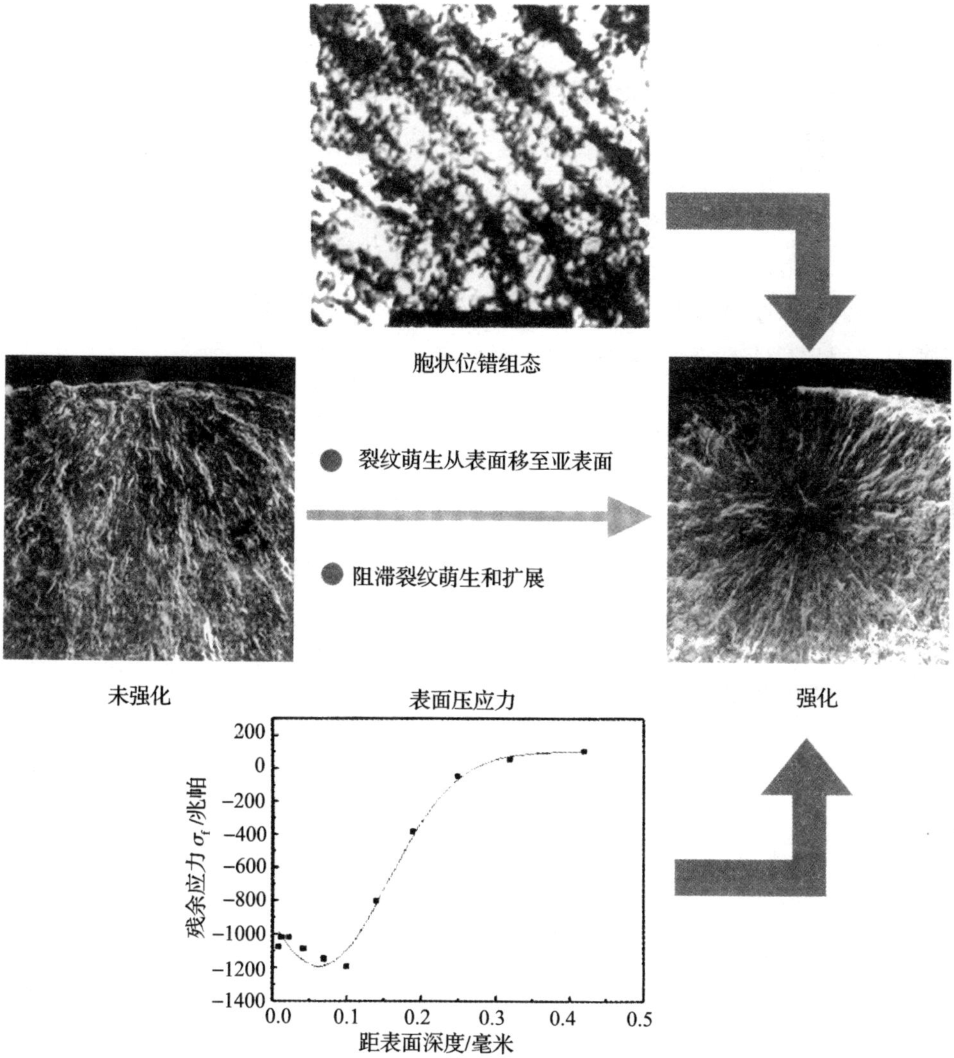

“无应力集中”抗疲劳机理

赵振业还深入考察、研究了高强度铝合金、钛合金、高温合金的疲劳特性，发现它们不仅具有疲劳强度应力集中敏感，而且规律与 300M 钢几乎一模一样。高强度铝合金、钛合金、高温合金、超高强度钢虽然分属不同类型合金，但在 σ_{NF}/σ_F-K_t 坐标系中，几乎成为一条直线，只是合金化程度越高，敏感性越高的程度不同。国外资料曾报道，材料经表层渗碳后硬度达到 HRC60 以上时，表面划伤造成的应力集中值可能超过材料抗拉强度，使材料完全丧失疲劳性能。

高强度、高硬度合金疲劳强度应力集中敏感特性的普遍性和规律的一致性引起了赵振业的高度警觉和重视，因为飞机、发动机及其他高科技机械关键主承力构件，如叶片、轮盘、主承力框、梁、接头、齿轮、轴承、轴等，大都是用这些合金制造的。这些构件决定了各种机械装备的主要功能、寿命和可靠性。其所以选用高强度合金制造，原本是因为它们具有很高的强度，很高的疲劳强度，可以实现构件体积小、重量轻、长寿命、高可靠性。但是，由于没有采用抗疲劳制造技术，没有能够抑制疲劳强度应力集中敏感，反而导致这些构件存在寿命短、可靠性差、结构重等三大问题，以致我国机械装备产品性能和经济效益低下，至今难以制造高端产品，在国际竞争中处于弱势地位。航空与其他机械制造业处于中、低端产品卖出去，高端产品买进来，外汇流到国外，资源消耗和污染留在国内的困惑状况。

近年来，随着我国经济实力增强，航空、风电、高速列车、汽轮机、燃气轮机、高档机床等行业从国外引进了一大批先进产品，对国民经济发展和国防建设都有很好的提高水平作用。但是，制造技术从来都属于国家级机密，工业先进国家实行产品“梯度转移”政策，我国根本不可能通过进口得到高水平产品，更不可能买到先进技术。想到使用若干年后这些产品可能出现的问题、潜在的危险、维修与国产化等问题，赵振业忧心忡忡。

我国是一个正在实现工业化的国家，机械制造技术相对落后，几十年来一直在引进国外产品，以求加快前进步伐，提升自己的技术水平。但是，长期以来，许多企业不能从“引进—落后—再引进—再落后”的怪圈中走出来，不求依靠自主创新技术站起来，而是习惯于一代接一代地引进、仿制，关注于眼前的利益和得失，懈怠于持续发展和对子孙后代负责，对此，赵振业每每感到愤愤不平和忧虑。

赵振业认为，实现工业现代化是中华民族伟大复兴的重要目标，中国必须建设成为机械制造强国。对此，我们要有清醒的认识，这就是与几十年发展机械制造大国相比，已是时过境迁了。因此，需要转变观念，静下心来认识自己的国情和国际大环境，寻求一条适合中国的发展道路，换一种具有中国特色的发展方式。所谓国际大环境，就是发达国家不会容忍中国成为机械制造强国，更不会扶植一个竞争对手。因而，新一代的引进、仿制和“合作”不可能把中国带入工业现代化，反而会扼杀、窒息中国的自主创新和核心竞争力。应该充分认识的国情是：中国虽然是一个机械制造大国，规模大、总产值大，但基础技术薄弱，缺少核心竞争力。至今关键基础构件，如传动构件齿轮、轴承，转动构件叶片、轮盘和主承力构件对接螺栓、承力弹簧等陷于“三大问题”的困扰中，并累及所有高端机械装备。建设机械制造强国最需要的是把观念从引进、仿制、“合作”转变到自主创新；采用遵循科学规律，踏踏实实补上关键基础技术、关键基础构件课和营造核心竞争力的发展方式，改变头重脚轻根底浅状况，铺设一个坚实的基础。

当前，我国机械制造业面临的主要挑战是知识产权、经济可承受性和技术。知识产权是竞争力的核心，没有先进技术，就没有经济可承受性和知识产权。赵振业认为，高性能构件和机械产品是设计、材料、制造三位一体的技术集成。三种学科技术高水平发展是基础，先技术发展后集成应用，协调发展是保障。几十年来，在解决产品“有无”问题的理念指导下，三种基础学科技术发展滞后，制造基本停滞在传统制造技术，不适应先进设计与高强度材料，是酿成我国长期徘徊于中、低端制造，难以走出“怪圈”，自主创新和国际竞争能力低下的技术原因。

赵振业一直致力于自主创新，几十年来研究抗疲劳制造理论和技术，并置于推广应用之中。他发表文章和讲演，提升对抗疲劳制造这一基础制造技术、核心制造技术、“瓶颈”技术的认识。2009

年春节，赵振业院士震惊于美国金融风暴和大银行的顷刻倒闭，忧心于中国机械产品出口滞销,沉思于解救中国制造业的办法。他以为，这是中国卧薪尝胆的好时机，应当抓紧时间研究发展抗疲劳制造技术和长寿命关键基础构件。金融风暴结束时，中国已具备高端机械装备的制造基础和能力，达到进入国际竞争行列的水平。于是赵院士疾书了一份《发展抗疲劳制造，提升中国机械制造核心竞争能力》建议，拿去与中国两院院士师昌绪先生商议，两人一拍即合。得到10位院士的认同并共同发起，在中国工程院时任院长徐匡迪的大力支持下，这一建议由中国工程院上报国务院，立即得到了国务院领导的高度重视。温家宝总理、张德江副总理、刘延东国务委员批示中国工业和信息化部、科技部组织实施。

作为建议的实施，赵振业初拟的《抗疲劳制造与长寿命关键基础构件研究发展》已列为中国工程院咨询研究项目。项目定位是基础制造技术——抗疲劳制造和关键基础构件及其产业化；总目标是实现抗疲劳制造、自主创新，解决关键基础构件依赖进口，关键技术受制于人和建立机械制造新理念，推动高端产品发展，参与国际市场竞争，用10 ~ 15年的时间基本达到世界先进水平。咨询项目得到航空、风电、高速列车、汽轮机、燃机、轴承、齿轮、动载螺栓等8个高科技行业及10个基础技术领域领导和专家的赞同和支持，并开展技术论证，赵振业对实现预期目标充满自信。

2009年，赵振业开始主持《面向高强度抗疲劳航空构件表面完整性制造基础研究》。其目的是建立抗疲劳制造基础理论，创新抗疲劳制造方法，建立关键基础构件制造新理念。他不仅亲自撰写论证报告、研究大纲、技术方案，而且亲自分立研究专题，讲解研究方法。如今，采用研究的方法和技术，涡轮盘高温合金构件在室温、高温下的疲劳寿命均较现行的“成形”制造技术提高了100倍以上。他自告奋勇地选取主轴承作验证件，打算啃下这个制约中国航空发动机达半个多世纪的硬骨头。

在抗疲劳制造工作会上发言

抗疲劳制造是新一代先进技术。它是控制表面完整性，以疲劳性能为主要判据和提高疲劳强度的制造技术。它与传统制造技术的根本区别在于后者以成本、时间、空间为技术依据，以满足形位、表面粗糙度等设计图样规定要求为己任。抗疲劳制造则除了满足设计图样各项规定要求外，还要保证构件性能与设计相一致。它适应先进设计，是实现设计的保障；它适应高强度合金，抑制其疲劳强度应力集中敏感，是使用高强度合金的基础和前提。抗疲劳制造可以解决主承力构件“三大问题”，实现构件长寿命、高可靠性、结构再减重，提高机械产品服役性能和经济可承受性。

当前，中国航空工业迎来了难得的发展机遇期，也面临着前所未有的严峻挑战，肩负着建设航空制造强国的历史使命。抗疲劳制造得到中国航空工业集团公司总经理林左鸣的认同，公司连续举办多期抗疲劳制造与长寿命关键构件技术培训班。赵振业由浅入深、旁征博引，具体分析了中国航空发动机、飞机关键构件的“三大问题”，阐述了抗疲劳制造技术体系、功效与前景。赵振业认为，抗疲劳制造与长寿命关键构件是中国航空工业转变方式、建设制造强国的根基和必由之路。实现抗疲劳制造与长寿命关键构件之日，就是中国成为航空制造强国之时。他经常发表文章和讲演，提升专业人员对抗疲劳制造是国家核心竞争力的认识。他坦言，实现抗疲劳制造是从机械制造大国走向制造强国的必由之路。赵振业坚信，中国人有能力依靠自己的勤劳、智慧和奉献精神，高举“中国制造”大旗，行进在国际竞争的行列之中。

材料科学与工程的两个“全过程”

20 世纪 50 ～ 70 年代形成的材料科学与工程是材料发展史上的一件大事。它结束了材料发展中的混沌状态，弥合了基础科学与技术产业的脱节，填充了理论科学与工程技术的鸿沟，推动了材料的大发展，并使之成为制约众多学科领域技术进步的重要因素。

赵振业从形成材料科学与工程开始从事应用基础理论、合金设计和应用技术研究 50 年，取得了系统的超高强度钢研究和应用成果。他不间断地跟踪材料科学与工程中基本规律的发展和演绎。比如自 20 世纪 60 年代起到 80 年代末结束的材料科学与工程的四个基本要素：成分（组成）与结构、合成与加工、性质、使用行为。它整体化了材料科学与工程，确定了材料是跨学科的技术集成，确定了材料科学家的职责等。赵振业的研究体验和认识结论是“四要素”规律可导致可靠材料，并将它称为材料科学与工程中的第一个规律。

赵振业研究并提出了材料科学与工程中的第二规律，材料科学与工程的两个“全过程”：材料研制“全过程”和材料应用研究“全过程”，两个“全过程”是不可分割的整体。实践这一规律可获得可用材料。

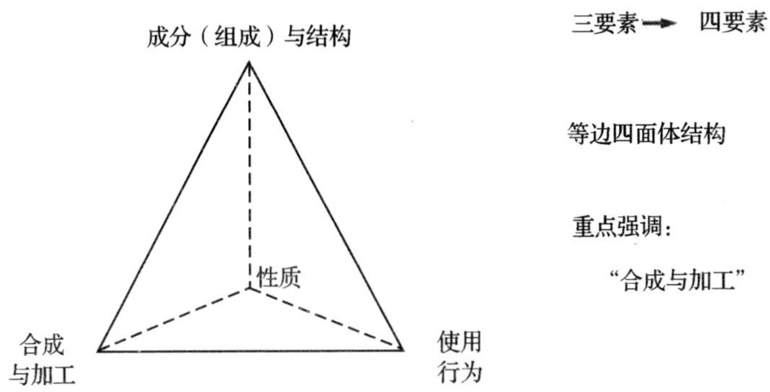

材料科学与工程“四要素”

科学认识论指出，人类在认识客观世界中，必须经由认识—实践—再认识—再实践，如此循环往复，才能到达一个相对的真理。在材料科学与工程发展中，必须经由“理论—材料”这一认识单元的循环往复才能获得一个相对的真知。“理论—材料”认识单元的基本要素是：基础理论、应用技术、工程化生产、失效反馈。基本要素形成一个循环或“全过程”。

材料研制“全过程”的基本要素是：应用基础理论、材料技术、工程化生产、失效反馈。

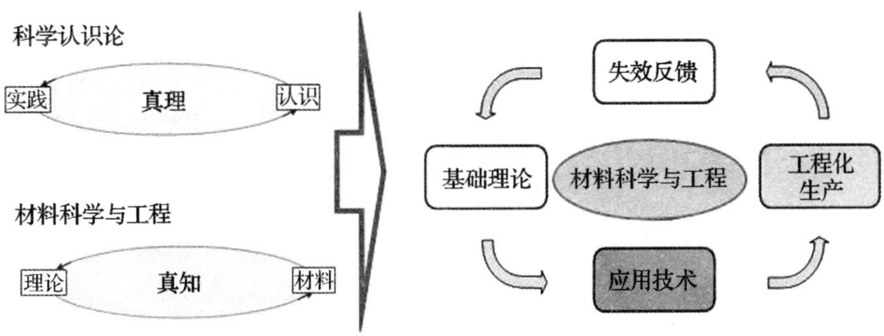

科学认识论与“全过程”

材料应用研究“全过程”的基本要素是：应用基础理论、应用技术、工程化生产、失效反馈。

两个“全过程”的基本要素形似相同，内涵完全不同。其中，应用基础理论直接导向材料技术或应用技术创新；材料技术或应用技术是技术主体，其内涵是“四要素”；工程化生产是技术主体的有价值形式和验证；失效反馈是工程化生产的评价和应用基础理论的修正或变更。

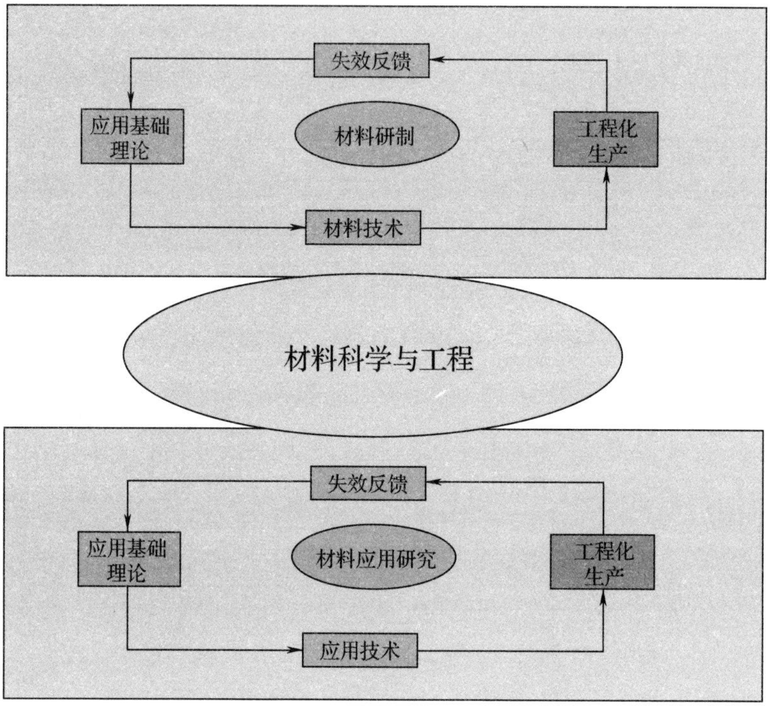

材料科学与工程的两个“全过程”

材料科学与工程属于应用科学范畴，研究的目的在于应用。材料研制“全过程”赋予材料先天性能(或固有性能),材料应用研究“全过程”赋予材料后天性能（或特种性能），先天性能与后天性能共同构成材料服役性能。

赵振业认为，当前应重点强调材料应用研究“全过程”，因为它还没有被提升到应有的地位，包括对它的认识。许多材料只完成了研制“全过程”，而没有完成材料应用研究“全过程”，因而在使用中一旦出现问题又回过头来补做应用研究，由此带来的损失和延误的时间是难以弥补的。赵振业花了 10 年时间进行 300M 钢的应用研究，实现了飞机起落架长寿命。美国于 1952 年研制成功 300M

钢，但直到 1965 年才用作飞机起落架，其间也是在进行应用研究。美国的 Inconel 718 高温合金已使用几十年，但还一直在做补充研究，其中主要是应用研究。齿轮轴承钢如不进行表层硬化相关的应用研究，就不能用作齿轮、轴承。按高温蠕变、持久、抗氧化等指标研制的发动机涡轮叶片合金，服役中叶片不同部位须经受蠕变、蠕变－疲劳、疲劳－蠕变、疲劳等过程，由于未进行应用研究，导致许多叶片服役失效，这些失效均与疲劳相关。在各种主承力构件服役失效案例中，经常可以发现与未做应用研究相关的问题。使用实践告诫人们，必须认识材料科学与工程原本包括两个“全过程”，不遵守这一规律，就会在实践中受到惩罚。

材料研制“全过程”是主动地创新材料，赋予材料特定的性能。材料应用研究除了赋予既定的材料特定性能外，还可以大大改进、提高材料的性能。比如我国从高强度钢 30CrMnSiA 发展到超高强度钢 300M 花了 30 多年，其抗拉强度提高了约 80%，疲劳强度提高了约 35%，而进行表层组织再造改性却可提高疲劳强度约 36%；从中强度合金 Ti6Al4V 发展到高强度 Ti1023 花了 30 多年，疲劳强度提高约 30%，而表层组织再造改性却可将 Ti6Al4V 疲劳强度提高约 60%；表层组织再造改性将高强度铝合金 7475−T6 的微振磨损疲劳裂纹扩展速率改善了 1500 倍，这是几代合金研制发展所做不到的；表层硬化将 AISI4140 钢应力集中系数为 5 时疲劳强度提高约 80%，表层超硬化将普通渗碳硬化疲劳强度提高约 60%，疲劳寿命提高 23 倍以上。可见，应用研究不只是一般程度地改善或提高材料性能，它提高的程度是几代合金发展所难以实现的。为什么我们不做应用研究，而要花费不知道大多少倍的物力、人力、财力和时间去研制更多的材料牌号呢？

两个“全过程”继“四要素”规律又一次整体化了材料科学与工程，确定了材料是跨学科的技术集成，确定了材料科学家的职责，推动了材料科学与工程的新发展。

赵振业还十分强调材料体系，并将其称为材料科学与工程中第三个规律。所谓材料体系包括两大部分：一是材料牌号体系，即按某种特性的牌号系列；一是支撑材料牌号的相关技术体系，诸如材料研制技术体系、材料应用技术体系、材料评价与试验技术体系、材料生产技术体系、材料使用技术体系、材料标准技术体系，等等。后者是一个十分复杂的体系。如果说，材料牌号体系是矗立在山巅的玲珑宝塔，相关支撑基础技术体系则是宝塔下的大山。一个材料牌号需要庞大的支撑体系。材料体系既关系到材料的研制、改进与发展，也关系到材料的应用研究、生产和使用。材料体系是生产力，没有体系就不能应用，不能形成生产力。

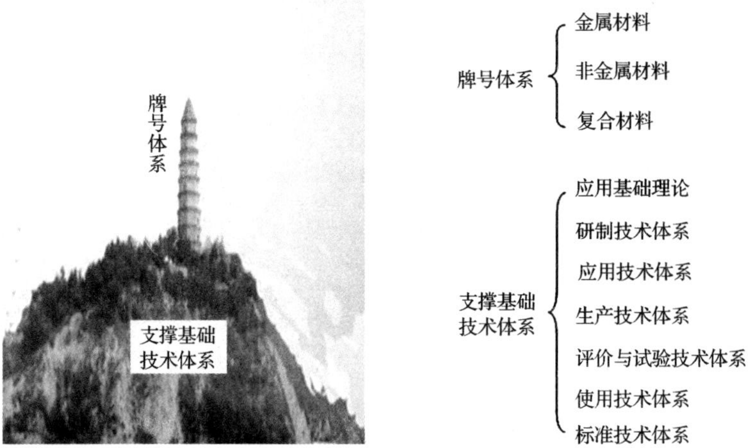

材料体系

赵振业多年来一直致力于材料科学与工程中基本规律的研究，提出材料科学与工程的“四要素”规律导致可靠材料；材料科学与工程的两个“全过程”规律导致可用材料；材料体系形成生产力。三个基本规律既是推动材料科学与工程发展进步的源动力，也是实现材料研究的目的全在于应用这一宗旨的根本保障；既是材料科学家和从业人员的基本守则和素质，也是材料科学与工程履行新责任，创新和持续发展的基本方法。

第七章

走上科研管理岗位

角色的转换

1992 年 10 月，由于工作需要和组织安排，赵振业担任了 621 所副总工程师兼科技处处长。

赵振业自 1961 年大学毕业分配到所，一直在科研一线从事材料研究，连专业组长都未当过。他认为，能干自己选择、自己喜欢的科研工作是值得庆幸的。做自己喜欢做的事是一种享受。几十年来，赵振业不攀龙附凤，不迎合领导，不花心思去研究“官经”，不费工夫去跑官，“我行我素”以求心静充实。他从未想过当领导，做管理工作。

可这是组织决定，求贤若渴的所长刘伯操几次找赵振业谈话。作为一名共产党员，赵振业只好服从。

从一名科研一线的研究人员，走上科研管理的领导岗位，对于赵振业来说，这是他人生舞台上一次角色的转换。

还是那句老话，决定了要做的事就一定要做好。赵振业秉性难改！

赵振业当上这个角色只有两个想法：一是为官一任，造福一方；二是尽职尽责，迅速、完全转型。他一走上新岗位，就完全变了。他把几十年从事课题研究变成了课题管理研究；他把谋专业科学、技术、学问研究变成了提高课题组研究效率和成果研究；他把向自己、向课题组成员负责变成了向全所科研人员、科技管理人员负责；他把长期的纵向思维方式变成了横向思维方式；他把使自己成为专业人才变为帮助别人成为专业人才；他从受别人服务变为为科研人员服务。他努力完成着角色的转换。

编写课题研究程序

上任后不久，赵振业了解到621所每年立项研究的课题有500余项，其中国防重点材料、热工艺预研各约25项，其余是型号和横向课题。他发现，所科技队伍中，一些研究室主任、课题负责人，对如何做研究，如何做好研究不得要领，对课题研究程序不甚了解，经常出现超程序运行，造成不必要的浪费和返工；对应用研究不甚了解，对专业合作与协调研究不认识、不重视，技术研究不成熟，不成体系，甚至残缺不全；过早使用研究成果，给型号或产品带来许多问题，甚至出现故障而难以解决，有的不得不重新研究。技术研究不成熟，影响到成果的转化，更影响到材料的使用。

俗话说，没有规矩不成方圆。赵振业感到科研课题管理亟待规范化。于是，他开始着手编写《科研课题研究程序》。为此，他查阅了所里自1963年以来所有有关科研课题管理的文件和资料；研究了国防重点科研课题中与部外、部内单位的关系，各级领导机关的相关文件；调查了各研究室的课题研究状况和特点，回顾了他本人几十年来课题研究的经验，尤其是获国家科技进步一等奖项目的成功经历和体会；思考和设计了材料、热工艺课题达到什么程度才算研究成熟，如何研究才能研究成熟；研究达到怎样的程度才能用在型号、产品上，并且用得好、用得可靠等。经过努力，终于编写出了一份621所《科研课题研究程序》。赵振业还将这一程序在全所课题负责人、室主任会上进行宣贯，收到热烈反响和良好效果。在此，将其实录如下。

科研课题研究程序

科研课题研究开始的标志是课题令号、任务书。

一、调研准备阶段

1. 信息调研

由课题负责人组织参加人按任务书规定技术指标要求，广泛地进行国内外技术文献资料、专利、信息、标准、方法（设备）、原料、实物样品、技术应用环境等调查、收集并认真分析、讨论，明确本研究领域技术发展状况、本研究的技术地位、解决的问题及途径、技术效益等。

2. 探索试验

技术复杂、途径不甚明了的重大课题应经探索试验。探索技术途径、发现技术难点、确定物质条件如原材料、重大试验设备等。完成后提出试验小结。

3. 编制课题论证报告

课题论证报告是本阶段的结束形式之一，它是调查报告与探索试验结果的综合详尽论证。

主要内容应包括：国内外技术发展状况，本研究技术的依据与意义、创新点、水平、关键技术、技术途径、预期成果、实现预期目标已有的条件、成败可能性分析及替代方案、经费使用、技术经济效益分析等。

论证报告应由课题负责人向专业组和室技术委员会报告，重大项目的论证报告应经所技术委员会讨论，经室、所领导签批，归档。

4. 编制课题研究工作大纲

主要内容：

· 主要技术指标

· 关键技术及技术途径

· 试验方案、研究内容与分课题分工

· 阶段划分、网络（研究项目—经费—进度）计划，年度考核指标

主要检查考核点及质控点

· 典型试验件

· 主要物质条件

· 结束形式（功能考核、试车、试飞……）

研究工作大纲是本阶段的结束形式，是开展课题研究的指导文件，也是课题结束验收的依据。大纲应经课题组（含分课题）、专业组（室）充分讨论，室、所领导签批后实施。

二、实验室研究阶段

5. 制定年度（阶段）工作计划

根据研究大纲和年度考核指标要求，课题组提出年度研究计划，对当年研究工作做出详细、具体安排。经室主任批准，报所执行，执行中一般不做调整。年度（阶段）计划中可根据需要再细分若干小“阶段”——专项。

6. 确定试验方法和临时工艺规程

研究过程中的每项试验、每道工序都必须按规定的试验方法或工艺规程进行。没有标准方法的试验项目应先拟定试验方法。没有现成工艺规程的工序应先编制临时工艺规程。

7. 选择原材料和试验设备仪器

试验用原材料应按标准检验合格以保证研究结果的质量。试验、检测设备、仪器应精心选择，以保证研究结果的准确可靠和水平。

8. 技术方案优选试验

从投料到得出检验结果为一个试验周期。一周期试验完成后应进行科学分析、讨论、总结成败原因，提出试验小结并制定下一周期试验方案。

技术方案优选试验一般应包括三个以上周期试验，其中一个是重复稳定周期试验。其检测项目应针对课题技术指标中的基本指标。试验完成后基本指标应取得足够的重复稳定数据并编制技术小结，经技术评审，归档。

9. 专项研究

专项研究是技术方案优选试验完成后的深入和扩展试验，其中包括相关专业技术研究和检测项目的扩展。

专项研究一般应包括三个以上周期试验，其中一个是重复稳定周期试验。

专项研究完成后，编写技术小结，重大专项试验完成后应编写研究总结并经技术评审、归档。专项研究阶段结束的标志是达到课题技术指标。

10. 全面（性能）评价试验

课题技术指标达到后应即进行包括技术指标、常规（性能）、应用（性能）指标之间的全面（性能）评价试验。材料（应用）课题在规定成分范围内选 1 ～ 2 炉进行全面性能测试。工艺课题在确定的参数范围内选 1 ～ 2 炉进行全面性能评价试验。试验方法课题取 2 ～ 3 种测试对象进行全面评价试验。试验完成后应提出研究总结。

材料全面性能评价中应包括非标准元件试验。

11. 实验室阶段总结、技术予鉴定

实验室研究试验结束后应提供研究总结、报告和整套标准、工艺技术文件（暂行）、样品、图片等，归档。

实验室研究阶段结束后，课题组可申请所技术预鉴定并签发技术预鉴定书。

跨部门研制的重要材料应进行总公司（部）级的科研鉴定（或技术预鉴定）。

三 、验证试验研究阶段

12. 制定阶段研究计划

由课题负责人（组）与验证试验分课题负责人（组）共同选定反映课题研究特征的典型零件并提出研究计划。承担单位各级领导签署、纳入单位生产调度指令计划和质量监控程序并负责完成。两课题负责人（组）共同研究、解决本阶段有关技术问题。

13. 验证试验

验证试验开始前，应向承担试验单位提供全部研究报告、标准、工艺文件等。试验中应取得足够稳定的数据。研究计划完成后，两课题负责人（组）共同提出技术总结，承担单位提出技术可行性评价报告。

14. 典型件制造

研究计划完成后，应提供按课题技术文件制造的功能考核和装机考核用典型零部件。

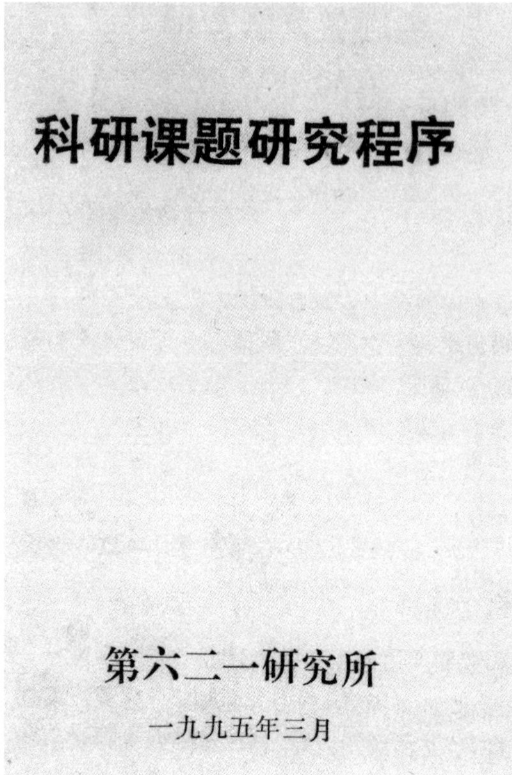

《科研课题研究程序》小册子

四、考核试验研究阶段

15. 制订考核试验阶段研究计划

由课题负责人（组）与考核试验承担单位分课题负责人（组）共同提出研究计划。承担单位各级领导签署、纳入科研生产指令计划和质量控制程序并负责完成。两课题负责人（组）共同研究、解决本阶段有关技术问题。

16. 典型件功能考核试验

课题技术指标、装机试飞（车）有要求时，典型零部件应按有关规定功能考核试验合格。试验前后，两课题负责人（组）共同提出试验大纲和技术总结。承担单位提出考核结论。

17. 技术评审

典型零部件装机试飞（车）前应经技术评审。评审时应提交全面（性能）评价试验报告、技术预鉴定书、相应标准、工艺文件、验证试验报告、功能考核试验报告等。技术评审由课题组提出申请，总公司主持。

18.装机考核典型零部件应按有关规定和要求经装机试飞（车）考核。完成后，两课题负责人共同提出技术总结。承担单位提出考核结论。

五、总结、鉴定、验收阶段

19.总结、归档

编制课题研究总结、报告和修订、整理出整套标准工艺技术文件、音像、图片、典型件样品等并归档。

20.技术鉴定（书）、验收。

树立服务理念

赵振业认为，621所的中心工作是科研，科研的中心是出成果、出人才。科技处作为科研管理的职能部门，其工作中心：一是服务，二是监督，三是规范。为科研服务，为科研人员服务；千方百计减轻科研人员的负担，使他们集中精力、一心一意搞好科研，提高效率，多出成果；提高科研人员待遇，充分发挥他们的聪明才智，稳定科研队伍，造就人才。

为了提高管理水平，提高工作效率，赵振业调整了科技处主管和职责范围，挑选了有一定课题研究经历、精干的大学本科毕业或硕士毕业的年轻人充实到科技管理队伍中来。设立综合计划主管，全面负责协调科研计划以及与上级的联系，不再需要室主任或课题负责人提供专门报告；设立经费主管，全权处理科研合同和经费使用，课题与所财务的经费问题，不再需要研究室和课题组与财务部门有更多经费手续。留下更多主管加强课题管理，监督运行，过程服务，审查研究结果。一时间，即使下午下班了，科技处还是灯火通明，主管们常常在审查课题研究小结、总结或工艺文件。

赵振业指导科技处人员要经常保持和国防科工委、航空部、主机厂所的联系，争取国防重点科研课题；要面向科技市场，承揽横向研究课题。

他强调，科技处的同志要增强服务意识，跟踪课题，监督、检查课题运行情况，帮助、协调、解决课题研究过程中的问题。重点预研课题研究总结、报告亲自审阅后归档。

为减少科研人员为试样加工与试验而奔波，科技处制定文件，加强计划，由科技处出面与试样加工车间、实验室进行进度协调，科研人员只负责交送和收取试样。

赵振业十分关心高水平科技人员的培养和科研队伍的稳定。除了减少科研人员额外负担，使他们能集中精力从事科研外，他还结合所长的“任期目标”，研究人员结构，经国内外调研，针对“国内领先，国际知名”目标，提出了博士、硕士、本科、技工的“1441”比例结构，并按这一设计培养储备人才。

赵振业任职期间，恰逢产品开发初期，一些同志专职在院内、外办厂，搞生产开发，以提高经济收益。有的同志一边搞科研，一边搞开发；一部分同志则全职从事科研。专门从事生产开发的同志因经验等问题，收益参差不齐。两手抓的同志情况较好，一边有科研的稳定收入，一边有生产开发赚钱的补贴，再加上可以用科研费补生产开发，收入一般较高。而全职从事科研的同志收入相对较低。为此，他指示科技处负责科研经费的段文彬同志，将课题经费如数下发到课题组用于课题研究，任何人和单位不得节流课题经费或挪作他用。按课题经费额提取的奖金全额由科研人员分配。

赵振业对科研经费使用十分关心，强调一定要用于科研上。他在任的几年中，从未招待过相关的关系人员，包括上级领导。科技处从未一起聚会过，即使春节的联欢，也是科技处同志各自带食品凑在一起。科技处可以说是最有钱的处，但又是最穷的处。一次，一位副总师要操办一个活动没有经费，所长要那位副总师与赵振业商量，从科研经费中支付。那位副总师找赵振业商量，他当即回绝，说科研经费是一个萝卜一个坑，科技处连一分钱也没办法挪作他用，两人一直争执到所长那里，也没有支付一分钱。对此，有人说赵振业死心眼，不会变通，太不给人面子。可为了论证课题，他却很舍得，一点儿不吝啬。“九五”课题论证，他规定各专业都必须进行，并给每个项目3000元论证费。但要求每项论证必须查阅60篇以上资料。

科技处还为重大国防预研课题设立管理负责人，负责有关协调工作，保证研究方案实施，让课题负责人集中精力从事研究。但规定管理负责人一般不参与科研成果奖，尤其不能为首申报科技成果奖，以保证科研人员最关注的劳动所得。同时还为重点课题设立课题指导人。规定课题指导人负责研究方向的正确，课题负责人负责研究任务的完成。通过指导，加速青年研究人员的尽快成长、成才。

科技处还规定，在同一时期每个科研人员承担重点课题不许超过两项，以确保研究质量和获得研究成果。为退课题，个别课题负责人还专门找上门和赵振业理论，甚至造成个人间的意见。

为减少管理层次，简化管理机构，赵振业还提出管理最短距离概念和最佳机构建议。按此建议，从最高科研决策到课题负责人不能超过三级，决策人下属机构或人员最多不能超过6个。

他还建议未参与过重点课题全程研究的科研人员不得担任重点课题负责人，未负责并研究成功一项重点课题者，不得担任研究室科研主任。

赵振业在任期内，先后出台了《科研课题经济管理办法》《对承担军品科研任务的骨干人员实行岗位补贴的实施办法》《提高所级科技成果奖金及对有贡献的科技人员实施重奖的试行办法》和《科技成果在所内转让及奖励的暂行规定实施细则》等文件。这些措施对稳定科研队伍，调动广大科研人员的积极性，提高科研水平，对快出人才、多出成果起到了积极的促进作用。

向科研人员负责

一直从事课题研究的赵振业对科研档案重要性的认识尤为深刻。他说，科研档案是国家的宝贵财富，也是621所无形资产的重要组成部分。它不仅是研究水平评价标准之一，而且是今后使用和供借鉴的依据。因而总是想尽办法提高科技档案质量。

科研课题科技文件归档是课题工作不可缺少的一个环节。为进一步促进科研课题归档，提高档案质量，赵振业组织有关人员专门编写了《归档指南》小册子。对哪些科研项目必须归档；什么时候进行归档；归档时课题组要准备好哪些文件材料；哪些文件必须归档原件、哪些可以归档复印件；技术总结、研究报告、学术论文有什么不同，在编写要求上各有什么特点；书写文件应遵守哪些规定；采用计算机打印文件应遵守哪些规定；文中图、表设置应注意哪些事项；绘制机械图样的基本要求是什么；怎样做试验记录；课题组怎样办理文件审批和归档手续；如何填写《科技档案鉴定表》；要求技术保密的文件怎样归档等问题进行说明解答。

赵振业还专门向全院课题负责人和技术干部授课，讲述如何写论证报告、研究大纲、技术总结、研究报告。强调技术总结中必须包括成功和失败的全部研究过程和结论，以供未来使用和借鉴；必须包括研究数据和技术诀窍，并强调这是国家财富，是621所财富，是所里花费大量研究经费和研究人员的辛勤劳动换来的，一定要真实、可靠，并经各级领导审查。有一次，所里一位退休职工在外办了个工厂并向所里供货。赵振业知道后，就查阅该职工的技术总结，发现其中没有技术诀窍。原来他把技术诀窍留给了自己，自己去做，去赚钱。而室主任却在其技术总结上签了“同意归档”的意见。赵振业在全所科技人员大会上专门批评了这位室主任和这种技术流失现象。他还建议设所长保密柜，把不愿意他人知道的技术诀窍，经所长审阅后装入保密柜。对于各室上报的一份份技术总结，赵振业总是戴着花镜，逐页审阅，符合要求才会签署归档意见。然而，经他审查的多数技术总结很少有一次通过的。对不符合要求的，他约来课题负责人，指出总结中的问题或概念错误。更改后他还要再审一遍，有的可能要审三次。为审查这些归档资料，他很少在晚上12点以前睡觉。有一次，他审查一个技术总结，发现一些问题或错误，而研究室对该技术总结无一处改动，却签署了很好的评语。他拿起电话找到室主任，追问审查和签署的归档意见。室主任不得不承认自己没有审查就签了归档意见。

在主管科技档案工作期间，他还针对一些档案不规范、不完整的问题组织人员重新加以整理，李杰同志整理出400多项积压已久、残缺不全的档案。赵振业还规定，对于重大课题，开题后就在档案室立户头，随时归档，以免时间长了造成资料不全。

审阅归档技术总结

超 前 意 识

在领导岗位上，赵振业要求自己应做孙中山先生所推崇的“先知先觉者”。他不拘泥于任内责任，对时代要求、潮流趋势敏感，不墨守成规，不满足于已有经验，不依赖于先人或自己的收获，不惧怕变革，敢于创新，勇于触摸和渗入新的领域，新的做法，迎接新的机遇和挑战。

中国素有“前人栽树后人乘凉”的传统,赵振业认为,我们接过、享受前人的成果，也有责任为后人打好基础。

为研制一种新材料，赵振业专门物色一位博士后到621所进行研究，并一起申请航空重点基金、国防预研项目。经过几年研究，拿到了竞争激烈的新型材料国防预研和航空支撑预研项目，两个项目中期评估时均获第一名。

陶瓷基复合材料是高推重比发动机的关键材料，赵振业引进西北工业大学的一位教授来所。“八五”结束前半年多，国防科工委专家组到621所检查预研进展情况，结果两个研制单位都未达到韧性规定指标。专家组和航空部材料处都建议修改指标，以求最终通过检查。赵振业坚持不修改指标，而是抓紧研究。结果，621所课题组在“八五”结束时，达到了既定指标要求，成为国防预研陶瓷基复合材料课题中唯一达到规定指标单位。接着，赵振业又请课题组制定方案，与606所签订合同，安排零件地面评价考核。

智能材料是前沿技术。赵振业十分关注NiTiNb形状记忆的研究。课题组因各种原因进展不算顺利，缺乏令人信服的方案，研究室一位研究生专门查资料，还开了一次总师、科技处、室的会议，认为难以再进行研究。赵振业得知后，专门向所长刘伯操说明技术状况，从所开发经费中拨出60万元支持该项研究，并重组了课题组。经过研究人员的艰辛劳动，初步研究成功合金，并在激烈的竞争中率先通过在设计所进行的8项应用评价，同意装机考核。他还制定智能材料研究方案，提出研究报告，争取研究项目，安排唐建茂探索研究智能复合材料。

赵振业还曾召集所内10位博士，讨论起步研究材料计算机设计和工艺计算机模拟事宜，并初拟了以单晶合金和喷射成形工艺、树脂复合材料工艺为试点的设想方案。

在赵振业主管科研和科技处的五年时间里，他强调应用研究，强调课题要拿到成果，要通过典型件来验证能否应用和生产，并增加了装机件数应用考验的项目，大大推进了科研管理规范化，提高了科研质量和水平。在国防科工委“八五”预研课题评估验收中，621所军用新材料A级有17项占70%，航空关键工艺技术A级有15项占55%，受到航空工业总公司的好评。赵振业本人也被国防科工委评为国防科技预先研究管理先进工作者，并给他颁发了“金鹰”

奖。所长刘伯操多次在干部会上说，赵振业是“最好的科技处长”、是一个“闲不住的人”。621 所从所领导到室主任到科研人员，大家普遍认为赵振业任科技处长期间是 621 所科研状况最好的一段时期，至今仍为广大科研人员所赞扬和怀念。

在科研工作管理岗位上，赵振业一直保持严谨自律、淡泊宁静的作风。在他身上有着中国文人的沉静和从容，他不愿意在公众场合过多地抛头露面，更不喜欢无谓的应酬。任副总工程师期间，他几乎没同客人吃过饭，谈完工作或开完会就夹着包回家。不熟悉的人以为他摆架子，不合群。熟悉他的人都知道他很随和，没一点“官架子”，他就是这么一个人，接触多了，也就理解了。

鸟儿眷恋树林，蜜蜂眷恋花儿，庄稼眷恋土地，游子眷恋故乡。赵振业却眷恋着他的科研。1996 年 10 月，赵振业从领导岗位上退下来后，又投入到了他心爱的科研工作之中，继续圆着他一个个的科研梦……

第八章

成事之道

自 信

一个国家、一个民族、一个人，不能没有自信，犹如一台旋转的机器不能没有动力一样。自信虽然只是精神的东西，但在一定条件下，它可以转化为物质力量。生活中常有这样的情况：面对一件困难重重的事情，开始很多人会持有怀疑的态度，但有志者却充满信心，不怕困难，奋力去做，最终获得成功。经验告诉我们，办一件事情，能否获得成功的重要因素，在于是否拥有足够的自信心。自信可以出勇气，也可以出智慧；能驱散前进道路上的迷雾，排除进军途中的障碍。正如爱默森所言：“自信是成功的第一秘诀。”

赵振业自小学至大学，学习成绩一直很优秀，参加工作从事航空材料研究，成果一个接一个，原因当然是多方面的，其中一个重要因素是自信。

自信，就是相信自己，相信自己能把书念好，相信自己有能力把事做好。相信别人能干的事，自己也能干；别人能干好的，自己也能干好，说不定自己会干得更好。做什么事，首先要有自信。如果没有自信，总觉得自己不行，总想依赖别人，就不可能把事做好，更不用说取得成果和业绩。因为没有自信，就会丧失斗志，就没有了动力。有了自信，你就会千方百计、想方设法去努力克服困难，就会有不达目的誓不罢休的决心和勇气。

赵振业说，人格是自信心最强烈的表现。一个人活着要有志气，要有骨气。人没有高低贵贱之分，从事什么工作只是分工不同，都应以诚相见、以礼相待。没有必要自己瞧不起自己，见人矮三分，低三下四，卑躬屈膝，趋炎附势，丧失做人的尊严。

说到自信，赵振业十分佩服领袖毛泽东。他说，毛泽东不愧为是一位伟人。青年时期，毛泽东写下“自信人生二百年，会当水击三千里”的诗句，这是毛泽东的自信。在“沁园春·雪”的诗词中，毛泽东评述扫除六合的秦始皇、平定匈奴的汉武帝、南征北战的唐太宗、结束分争的宋太祖、纵横驰骋的成吉思汗这些封建帝王之后，认为这些都过去了，“数风流人物还看今朝”，这是毛泽东的自信和伟大的抱负。

新中国成立之初，以美国为首的西方国家采取经济制裁、技术封锁等措施，妄图将年轻的新中国扼杀在摇篮中。20 世纪 60 年代初期，苏联撤走所有在华专家并逼中国还债。以毛泽东为首的老一辈革命家，坚持艰苦奋斗、独立自主、自力更生的方针，相信依靠自己的力量可以把国家建设好。“两弹一星”的研制成功就是最好的见证。它长了中国人的志气，让世人刮目相看。这是中国人豪迈的自信。

赵振业认为，自信对于科研工作者至关重要。不要以为国外的什么都比我们好，月亮也比中国的圆，什么都靠引进。要相信，很多事经过努力我们也能办得到。

赵振业说，要完成一项科研任务，仅有自信还不够，在自信的基础上还要有一个逻辑思维。研究一个材料，根据的理论是什么，机理是什么，等等，要有一个总体的筹划，全面的考虑，不是杂乱无章。要做到论证充分，研究大纲清晰，不能做没有把握的事。材料研究因素很多，要尽量考虑周全，不打无准备之仗。赵振业说，在这方面，他一直把三国演义中的诸葛亮当作自己的偶像。对他印象最深的是赤壁之战。赤壁之战是中国历史上著名的以弱胜强的战争之一，曹操率领水陆大军，号称百万，发起荆州战役，然后讨伐孙权。诸葛亮为孙权分析敌我双方的利弊，结论是如果孙刘联合，定可取胜。后来孙权和刘备组成联军，由周瑜指挥，在长江赤壁一带大破曹军，从此奠定了三国鼎立格局。

赵振业说，有了自信和一个好的计划还不够，还要勤于实践。回顾自己的工作，他认为，科学的认识论起了很重要的作用。有好的计划，好的方案，还要有好的实践。勤于实践，一定要有实事求是的态度，尊重科学，尊重科学规律，千万不能以主观代替客观，这是做成事的基础和根本保证。要多看毛泽东的《实践论》《人的正确思想是从哪里来的》。认识世界是从实践来的，没有实践不会有任何成功。纸上谈兵不可能取得战争的胜利。实践出真知，千里之行始于足下，说的都是实践的重要。“行动先于结果，而且，有几分耕耘，就有几分收获。”这是一条定律。有的人理想可谓远大，但十几年过去了，仍一事无成;有的人计划可谓周密，讲起来更是头头是道，但时间过了一年又一年，却不见有任何结果。原因就在于他没有把自己的理想和计划付诸实践。一打纲领比不上一个行动，一个行动胜过一千句口号。目标、计划、思考都是重要的，但如果离开了实践，就会变得毫无意义。

赵振业是个始终充满自信且有主见的人。因为有了自信、主见，使他带领团队创新研制成功中温超高强度钢、仿制成功300M钢并制成长寿命起落架、设计出两种超高强度不锈钢。

坚韧认真

科研是个探索未知的过程。一个钢种从列题论证、成分设计、实验室小炉试验、工艺研究、性能测试、工业试制到零件制造、装机飞行直至技术鉴定的全过程，少说需要十几年的时间。凡事要持久，非有韧劲不可。韧，才能夜以继日，不知疲倦；韧，才能锲而不舍，攻克难关；韧，才能循序渐进，攀登高峰。如果科研工作者不全身心投入，没有韧性，耐不住艰苦和寂寞，很难取得发明创造。

50年来，赵振业在科学研究的道路上，无论碰到什么问题，遇到什么困难，他从未动摇，从未放弃，总是充满信心，直道而行，直面挑战，勇往直前。每当感到疲劳的时候，总想到劳中有乐；每当吃了苦头的时候，总是安慰自己：苦中有甜；每当遭到挫折的时候，总是提醒自己：不要气馁。当然，每当获得成功的时候，也总是告诫自己：不要骄傲。

赵振业一直在航空超高强度钢的研究领域辛勤耕耘。他很热爱自己的专业，酷爱结构钢、不锈钢的研究工作。科学研究对他有一种无穷的诱惑力和强大的吸引力。长期一线的研究培养了他进取不息和锲而不舍的品格。

二次硬化是超高强度钢中一个十分常用而有效的强化方法，除了300M钢之外，赵振业研究的其他高强度钢都和二次硬化相关。在GX-8钢热处理研究中曾发现，620 ~ 650℃回火时，钢的冲击韧性第二次降低。这一现象与二次回火脆性不同，一是不随冷却速度加快而消失，二是钢中会有高钼和钨。查资料知道，苏联Заспавская曾于1965年在ЭИ961钢580 ~ 660℃回火时发现过该现象，并将其称为“过时效”现象，但未解释原因。然而，欧、美、日在大量该类12%Cr型不锈钢研究中却从未谈过这一现象，而且还推荐该类钢在此温度区域回火使用。从资料中可知，这是因为他们在热处理研究时超过600℃回火温度间隔过大。基于这一现象，GX-8的最佳回火温度之一选为680℃，以避开这一温度区间。

38Cr2Mo2VA也是一个二次硬化钢，热处理研究中，赵振业又专门考察了这一现象，证明该钢在620 ~ 640℃回火出现冲击韧性二次降低，与 GX-8 钢十分一致。为研究这一现象的原因，赵振业还专门设计了冲击试样慢弯曲和示波冲击试验，证明这一现象由裂纹起始功降低引起，而且是裂纹起始塑性功降低引起。为进一步弄清楚起始塑性功降低的原因，他又研究失效断口，结果，630℃回火断口是韧窝模式，表明基体塑性比 600℃回火后增加，不能解释“过时效”现象。他又研究透射电镜组织，发现 630℃回火是 M_2C 相开始向 M_6C 相转变，由于失去与基体共格关系，结合力降低，M_6C 周边的弱区成为 Griffith 开裂的起始场地和扩展通道。

他这种执着的、不弄明白原因不罢休的研究精神，一丝不苟、认真求解的试验态度，最终揭示了二次硬化钢中有名的“过时效”现象的机理。

在科研一线

赵振业当选中国工程院院士后，好朋友劝他：你功成名就了，用不着在科研一线“冲锋陷阵”了。可他仍放不下，继续在科研道路上辛勤耕耘，矢志不渝。他认为“人生能有几回搏？”当选院士，既是过去阶段的结束，也是一个新阶段的开始，应该为国家、为航空事业做出更多有实际用处的科研工作。他没有歇脚，而是率领团队又踏上了新的征途。他申报的有关抗疲劳制造基础研究课题被列为国防973计划之一，赵振业亲自撰写论证报告、实施方案，废寝忘食投入研究工作之中，每天照常准点上班。一次，为赶打印上报材料，一直忙到晚上9点多还没吃饭。有几次在外单位做试验，他的弟子考虑导师年届古稀，只是告诉他一声，并没叫他去，可他非去不可。节假日、双休日无报酬加班是经常的。为有充沛精力投入工作，他每天清晨坚持爬山锻炼，享受大自然的芬芳气息，怡养科学家的灵性情怀。

有人敬佩地说，赵振业当院士以后没有醉心于评别人，而是坚持自己做研究。

“认真”是赵振业从事科研工作的特点。毛泽东主席曾经说过，世界上怕就怕“认真”二字。科学是老老实实的，来不得半点虚假，往往一个数字不真实，都会导致人们做出错误的判断。可以说，真实也是研究工作的生命。而要掌握真实情况，就要掌握第一手资料，踏踏实实，一步一个脚印。

硬度是金属材料的一个普通性能指标，又是一个重要的性能指标。其普通是指所有金属结构材料都要规定硬度指标，其重要是说它是构件生产中最常用的性能检验指标，有时还是研究的导向。硬度和抗拉强度关系密切，常可用硬度代替抗拉强度，许多合金还专门给出硬度－强度换算关系以供查阅。有一次，在研究300M钢热处理后硬度与抗拉强度关系时，赵振业怀疑两者关系的数据可能有问题，他便跟踪硬度测量。硬度测量是一个简单的操作，但要获得准确硬度值也并不简单。习惯上硬度是在冲击韧性试样上测定的，磨光的冲击试样两端各测一点，他认为，这两个硬度值可能都偏低，校正测量证实了他的判断。接着，他检查了所有的硬度报告单，发现确实是硬度偏低，又重新进行校正检测。为了验证是个别现象还是系统错误，他又查阅了另外两个超高强度钢几年来的硬度、强度试验报告，同样是硬度偏低。为了获得准确的硬度，避免误导研究，他专门与有关人员和领导进行了讨论和商榷。

在试验机旁

勤读书多思考

有人说，书是人类伟大而美妙的发明。书是最聪明、最可靠的老师和朋友。有书为伴，孤独也是一种享受，深刻而丰富；闲暇将卓有成效；幽静将变得烂漫多彩；嘈杂也可以宁静和谐。

人不能生而知之，只能学而知之。读书可以使人长见识，读书可以使人明事理，读书可以使人变得更加充实和聪慧。

“知识就是力量”可谓是颠扑不破的真理。人的知识愈广，才能愈臻完善。人的知识越多，才能越有力量。知识不但能丰富人的头脑，还能规范人的行为，不但能告诉你该不该做，而且能告诉你怎样去做。如果说，父母是孩子的第一任老师，那么知识则是老师的老师。

夜读

赵振业不嗜好烟酒，不打牌看戏，就是喜欢读书。读书是他从小就养成的一种嗜好，一种癖性。作为一个科研工作者，他铭记“书到用时方恨少”的信条。

赵振业嗜好读书，可不是为装门面而读书，也不是为炫耀而读书，而是为运用而读书。他说，读书是研究工作很重要的方法和途径。他接受任务后的第一反应就是读书、查资料。做一个课题，读书、查资料的时间至少要占 40%。

在赵振业看来，在学校学的是一般基础理论知识，实际工作中远远不够用。在具体工作中会碰到这样那样的问题，不懂就得去读书、查资料找答案。他研究的课题难度较大，时间较紧，为此，他不断自学有关断裂力学、损伤力学、电子衍射理论知识并寻求较合适的试验技术以达更新知识，使科研工作深入一步，质量和水平提高一步之目的。

由于了解了各种钢的发展史，合金状况和研究状况，他才会提出问题和建议；由于阅读了超高强度钢的资料，接手中温超高强度钢研究课题后，才会摒弃仿制 H11 热作模具钢的建议，很快改变原研究方案，建立新的研究思路，提出成分设计方案。由于不断查阅相关资料，才少走了不少弯路，并一直顺利地取得成功。

赵振业说，读书要有目标，有系统。有目标才有动力、有兴趣；有系统才有收获、才会形成概念，长期起作用。接手 300M 钢应用研究课题，制定研究方案，开展各专业的合作研究是基于他读了有关疲劳的专著、积累有关提高疲劳性能的知识，并形成了实现长寿命起落架的基本概念。

近些年来，赵振业热衷研究高强度合金构件抗疲劳制造。他之所以敢于去做这项研究，一方面是因为抗疲劳制造很重要，对中国机械制造现状，尤其对航空等高科技制造特别重要；另一方面是与长寿命起落架的经历有关，与他 10 多年来不断查阅资料、不断建立概念密不可分。他关心高强度铝合金、钛合金、高温合金的疲劳特性、问题和规律，从大量相关研究资料和数据判断了技术前景和成功的可能性。为做研究，他读机械加工方面的书，查阅机械加工方面的研究资料，仅目录和摘要就订了好几本。

如今，赵振业已年过古稀，可他仍孜孜不倦地读书，一有空就往图书馆跑。在他的办公室里有三个高大的书柜，摆放着各种书籍和杂志。家里书房也摆满了各类书籍与刊物。他说，如果操办一件事拖得时间较长，他的第一感觉就是好久没有去看资料了。对读书的感情，如同这位河南人对面条的感觉一样，几天不吃就想得慌。也正是因为此，被人们誉为“离不开书的人”。

他认为，读书的第一秘诀是死书活读。不应躺在书本上读书，而应面向实际读书。躺在书本上读书，只能记住其词句。只有面向实际读书，才能领会其要旨。读书的第二秘诀是思考。思考能融会贯通，能增强记忆，能启迪智慧。读书的第三秘诀是写作。写作是读书的深化。如果说读书是把东西吃到嘴里，那么，写作则是把东西咽到肚里。赵振业十分注意把读书与实际、思考、写作结合起来。

赵振业读书求知的深厚根源在于生活和事业。他说，读起书来不知饥渴，不读完不罢休，不得到预期结果不算完。读书使他体会到快乐。

赵振业除读科技方面的书外，对《实践论》《矛盾论》《人的正确思想是从哪里来的》等著作也很感兴趣，他推崇毛泽东同志的诗词，酷爱唐诗三百首。

敬业奉献

中国几千年来有着敬重父母、敬重长辈、敬重师长的传统美德。敬业，就是把你所从事的事业或工作要像敬重父母、长辈、师长一样，专心致力做好。早在两千多年前，孔子就提出“执事敬”“敬业乐群”的思想。“执事”就是办事。一个人以怎样的态度去对待承担的任务和职责，这是衡量其品德高下优劣的重要尺度。孔子提出的标准是“敬”，敬即敬业，就是尽职尽责，勤劳恭谨，奋勉奉献。也就是说，每做一件事，不管事大事小，内心都保持认真敬重的态度，把事情竭力做好。

赵振业对敬业成事有着独特的见解。他用“知、行、好、乐”四个字来概括。

知，就是认识和了解。“知”是一个学习、认识过程。任何人都是学而知之，做任何事都是从认识和了解开始的，都有一个继承过程。在这一过程中，书是最好的老师。做一个课题，首先要了解课题是什么，知道要做什么。要做到知，你就得去查资料，到工厂了解相关情况。“知”有程度的差别。要做成事就应知之甚，知他人所不知，知所应知，最大限度地达到继承已有，积累做事所需。做到“知之甚”是一个艰苦的过程，但却是成事的捷径。古人云“书到用时方恨少”说的就是这个意思。“知”是做事前的准备,“知之甚”为做事做好了准备。谁不辞辛苦，谁才可能成事。当然，“知”的基本准则是“知之为知之，不知为不知”的实事求是态度。“知”还是一种境界，追求真知和独到见解。

行，就是做事。做课题是探索未知、认识和改造客观世界过程。做任何一件事都靠的是“行”。书教人做事，但不能教人成事。“行”也有程度的不同。要做成事就应行至实。做到他人所不能，完成应该做的全部。做一个课题，不完成应该做的所有研究内容就不能创新出一个材料。“行至实”比“知之甚”难得多。子曰“天欲降大任于斯人也，必先苦其心志，劳其筋骨，困乏其身”就是说的这个意思。做科学研究,就要做好这一准备,在不断失败中奔向成功。当然，做其他事情也是一样的。“行”也有准则,它的基本准则就是不唯上、不唯书、不唯洋、只唯实。“行”也是一种境界，追求真理和创新。

好,就是爱好。“好”是一种自愿付出,与“行”相比更为主动。“好”有程度的差别。要做成事就应好之奇，爱好成癖。做课题达到了内心热爱就会主动，主动做研究就会有千方百计，以做好为标准，创新出来的材料会达到更高水平。常言说世上无难事，只怕有心人，就是说的这个意思。较之“行至实”,“好之奇”是在一个更高的境界上，其基本准则自在行为之中。在科学研究中,不经专心致志达不到“好之奇”的境界。不在“好之奇”的境界上恐怕在创新材料上难有惊人之举。所以，一个创新团队最重要的是有一批达到“好之奇”境界的研究人员。

乐,就是乐趣。“乐”是一种高度自觉,超越“好之奇”的更高境界。达到“乐之极”的境界后，做课题自然是全心全意，心无旁骛；做研究自然是追求至高、臻于完美。“乐”是奇思妙想之源，发育奇迹的土壤。科学大师们无不有自甘寂寞、以苦为乐的经历和品格。中国要培养一批世界一流的科学家，首先要营造一种高度宽松的环境，包括学习环境、研究环境和生活环境，放任孩子们的自觉性，催生奇思妙想，发育奇思妙想，成就奇思妙想。科学的方法才能造就科学人才。达到“乐之极”境界的人可望成为世界一流的科学家。

上面是从成事的角度阐述了“知、行、好、乐”。其实，“知、行、好、乐”也是修身之道。它将把科学研究者带入一个新的境界，一个到达“知之甚”“行至实”“好之奇”“乐之极”境界的人，一定是一个高尚的人、纯粹的人、有益于人民的人。

在赵振业看来，材料研究是苦中有乐。他说，虽然每个课题研究过程没有什么区别，但课题内涵千差万别。新的课题，新的目标，新的技术，新的应用，它引诱着你去思考，去查资料，了解国内外相关技术和研究状况。认识“新鲜”很难，追逐“新鲜”却很快乐。如何达到目标，依据什么原理和机理，挑选什么成分，采用什么工艺，凡此种种，它引诱着你去设计，去探索，去试验，去分析，琢磨试验结果是否真有道理。有一种无形的力量推着你，不是走而是跑，不只是白天，也包括夜晚，不是一件事，而是刚办完一件又急忙拿起另一件，那股期盼和追求让你忘记疲劳。材料规定性能指标达到了，能不能用，应用对象要求什么，服役环境是什么，会出现什么问题，怎样才能不出问题，一系列未知吸引着你去探索、思考，思想一下飞到另一个新领域去了，一轮忙碌又开始了。当然，最令人揪心的要数材料制成构件装机飞行考验了。心中明知科学规律已经保证了安全使用，但在试飞机场停机坪草地上等待起飞、降落，还是心潮起伏、惴惴不安，尽管每每是虚惊一场。技术鉴定是课题研究的最后一道程序。照理，这是课题的收获季节，高兴的时刻，其实不然。心中不安的是鉴定结论是什么，专家、领导们对自己的研究成果认可到什么程度，花了那么多钱，花了那么长时间，动用了那么多人的劳动，结果会是怎样的呢？人们眼里都是希望和期盼，……良知在拍打着你的肩膀，你创造了什么，发明了什么，取得了什么科学技术进步，为国家和人民增了什么光？良知在压迫着心脏，你会气喘吁吁，上气不接下气。但是，一旦得到了评价结论，拿到了一次创造发明的认可，获得了一次前所未有的成果，你立刻会感到全身心的松弛，你会有一种成就感。那是他人无论如何不能感受到的快乐！

赵振业认为，只有敬业才能做好事业，没有敬业精神很难把事情做好。赵振业是个非常敬业的科研工作者。50年的研究磨炼使他对探索未知从憧憬到热爱而快乐。

赵振业说，有敬业精神，好的境界，最终结果就是奉献。奉献有几种不同内涵，完成任务是奉献，做得很好也是奉献，自觉主动地完成任务也是奉献，但真正奉献应是来自自愿、来自主动地做好工作。

“人生的价值在于创造一个有价值的一生”。而有价值的一生应该是奉献的一生。我们应当像头牛，吃的是草，而奉献给人民的是奶汁。属牛的赵振业认为，奉献精神应当是科技工作者的第一精神。

航材院的人们对赵振业印象最深的也是他的敬业奉献精神。作为历次课题总负责人，赵振业深知自己所肩负的责任。为了写好材料研究与应用方案，他要花大量的业余时间查阅资料，了解掌握相关的专业知识。为了掌握第一手研究资料和研究质量，他经常在实验室做试验、到企业跟产。赵振业是一个不怕吃苦的人，也是一个能吃苦的人。几十年来，为解决技术难题，协调工作进度，他的足迹遍及贵州、四川、陕西、湖南、辽宁、黑龙江的厂所院校，一年中几乎有一半的时间出差在外。每当事业与家庭发生矛盾时，他心中的天平砝码总是向事业这边倾斜。他的两个孩子出生、爱人两次生病住院，在最需要他在爱人身边照顾陪伴之时，他都因出差在外而未尽到做丈夫的责任，儿女学习更是无暇顾及。

赵振业的工作时间表总是排得满满的。他总觉得时间过得太快，总觉得时间不够用。双休日、节假日经常在办公室度过。在他的办公桌玻璃板下压了一大摞多年未曾用过的换休条。为了科研，赵振业不知放弃了多少次与家人团聚的快乐，放弃了给儿女辅导学习的时间，失去了生活中本应该享受的乐趣。

功崇惟志，业广惟勤。赵振业就是这样一直默默耕耘在航空材料研究战线，用自己的智慧与汗水开拓航空超高强度钢的新领域。

真诚合作

赵振业说，材料科学研究涉及冶金部、机械部、航空部的厂、所以及高等院校。一个研究课题，不是一个研究室、一个单位就能完成的，绝不能孤军作战，什么都包在自己身上。要尊重科学规律，主观思路要归顺到客观规律上去，按客观规律去做事。那种小楼成一统，大而全小而全的模式不仅制约经济的发展，也制约科学技术的发展。要研究成功一个高附加值、使用可靠的新型材料，不搞合作是绝对不可能的。因为它涉及许多技术和专业，需要拥有各种技术的专业人才共同努力，真诚合作才能实现，不搞合作就会四处碰壁，无果而终。

赵振业认为，树立合作意识是首要的，但与哪个单位、哪个人合作，要根据课题的技术指标精心选择。确立合作单位和人选之后，合作的基本前提是要尊重别人，尊重别人的劳动。要把课题的相关专业研究任务、目标、在课题中所处的地位、完成的时间节点原原本本如实讲清楚，使合作单位合作人明白要做什么，达到什么要求，什么时间完成。使整个课题组成为一个团结、和谐、相互配合的团队。

一位名人曾经说过：播下一种心情，收获一种思想；播下一种思想，收获一种行为；播下一种行为，收获一种习惯；播下一种习惯，收获一种性格；播下一种性格，收获一种命运。赵振业的自信、坚韧、执着、认真、勤学、敬业、奉献，收获的是在航空超高强度钢研究领域的成功，收获的是价值人生。

第九章

为人之道

名 与 利

"雁过留声，人过留名"，名誉之心，人皆有之。衣食住行，生老病死，个人利益，亦人皆有之。但人不能被名利迷住了心窍。名利之心既能结出鲜果，也能酿成苦酒。人应当做到不为名利之心所操纵，更不为名利之心而葬送。

赵振业是个把名利看得很淡的人。他有众多的头衔，众多的荣誉，可在他眼里，却淡若云烟，始终把自己当成一个普普通通的科研人员；他的研究成果颇多，但却很低调，从不张扬。

采访赵振业有些难。倒不是说他不愿接受采访，而是他工作实在太忙，他每天的日程总是安排得满满的。

初夏的一个晚上，他终于来到笔者的住所，安静地坐下来同笔者交谈。

他外表高大魁梧，宽阔的前额，花白的头发，慈祥的脸上总是带着和悦可亲的笑容，一身普通的休闲装，温文尔雅，浑身透着朴实谦和，一对平静的黑眸使人敏锐地感到有一种睿智的光芒。这是一个典型的中国知识分子形象。

说到他的课题、他的专业，他情绪昂奋，娓娓道来，滔滔不绝，充满着眷恋和信心。可话题一旦转到他自己，便三言两语，一带而过。

他再三强调，长期以来，从事、参与和支持航空超高强度钢专业研究的是一个很大的群体，是举院、举部、跨部的大课题。他希望多写写课题组及其他成员。他说："自己完成的专业研究工作都是在国家下达的研究课题内取得的，所得研究成果是与同事们共同进行的。”“没有总装备部、航空工业部和各级领导的关心、支持，”没有课题组“一帮人”的共同努力，“我的科研课题不可能取得任何成果。”“组织上不把我放到这个位置上，我也不可能有什么业绩。”

1994年2月6日，航材院召开1993年度总结表彰大会。大会对1992～1993年度获国家级奖项主要骨干人员进行了重奖。这也是航材院首次重奖有突出贡献者。赵振业获得最高奖金15000元。对此，赵振业再三强调成果是全院同志共同努力的结果。为了力所能及地表达这种心情，会后他用自己的奖金在酒店宴请航材院课题组的合作同志，餐桌上摆着价格昂贵的茅台酒、五粮液酒，平时不饮酒的他给大家一一敬酒，以表谢意。他还把自己拿到的光华科学基金奖奖金、航材院的重奖奖金和成果奖奖金与主要研究成员一同分配。

2005年，赵振业当选中国工程院院士，航材院召开了一个小型而热烈的庆祝会。院长葛子干、党委书记刘井宏向赵振业献花，对他当选院士表示热烈祝贺。与会者在发言中高度赞扬了赵振业对科学不懈追求的严谨学风和待人处事的高风亮节。

赵振业在发言中说：“我是一直吃材料院的饭，喝材料院的水，才成长到今天。”“我所取得的任何一点成绩，都是材料院的众多同事共同努力的结果。”在一次媒体采访时，他曾说过这样一段话：“我当选中国工程院院士，当然感到高兴。因为我认为，这是对北京航空材料研究院的认可，是对从事课题研究的群体包括协助完成这项课题而没有在成果簿上留下姓名的所有人的认可。”

平日里，他时常说：没有这样“一帮人”的共同努力，没有总装备部、航空部科技局材料处和各级领导的关心和支持，“我的科研课题是不可能取得任何成果的。”他还特别提到吴世泽、李文澜等老一辈科研工作者严谨细致、一丝不苟的科学态度和工作作风对自己产生的影响。

当选院士后，各种评审会、鉴定会的请柬、邀请函纷至沓来。对此，赵振业很是自律。他对自己约法三章，凡与自己专业无关的评审会、鉴定会一律不参加，绝不滥竽充数，装懂去评审项目。不少高校请他评长江学者，他常会告诉对方：“我不懂您所提专业，不要误了你们的人和事。”

情　与　义

人情乃人之常情，此乃人之天性，生活需要人情乃生活之特性。在这个大千世界里，芸芸众生，谁不需要理解、帮助、友爱、提携呢？人与人之间如果没有任何心灵的沟通，物质的联结，世界也许就失去其存在的价值了。生活的可爱，就在于它有情、有爱、有牵挂惦念。通情，方能达理；动之以情，方能晓之以理；情理相融犹如水乳相融，其魅力是无法比拟的。

与赵振业共过事的人都说他“好处”。虽然他是课题组长，但有什么事都与大家商量，发扬民主，倾听各种意见，充分利用相关专业的技术优势，充分发挥相关专业的作用，使课题组成为一个团结、协作、拼搏、创新的集体。

赵振业经常说他是个幸运的人，在几十年的科研征途中一路遇到好人相助，命运牵到一起的伙伴们一同铸就了他取得的每项研究成果和每一件成功的大事小事。每次提起他的研究经历，他都会提到这些人的名字。

自接手中温超高强度钢课题伊始，赵振业就遇到了本溪钢厂的朴相俊。这位朝鲜族小伙子，不仅与他一起讨论试验研究方案，而且创造了得心应手的熔炼、加工成材和试验条件，一合作就是

10年。诚恳、刚毅的飞机构件设计员张凤岑为典型件考核做了大量试验和周密的安排。当然，廖肇裕的绝招救急，像传奇一样让他一直挂在嘴边。全仗陶正昌的辛勤劳动和协调，保证了构件试制的顺利进行。在试验研究过程中，所到之处，无不得到关照和帮助。

300M钢和长寿命起落架研究成功更是依靠了一大群同伴合作。抚顺钢厂戴钦孔、赵顺泉，钢铁研究总院吴静贞，德阳二重模锻厂宦洪源保障了300M钢和起落架锻件研制成功。601所刘德万、杨树勋，122厂王高山保障了起落架设计和考核试验，601所张国良将前起落架设计成整体件，显示出高超的设计技术。112厂胡江海、佟素芬、军代表室董玉田保障了起落架的试制和试验。航材院沈孟芳、叶武俊、华文君、张伟、白富真、宋德玉、李相斌、刘佑厚、李家伟、付洋、钟炳文、刘俊洲、杨素荣、瞿林楠、刘忠秋，西北工业大学胡广立，北京航空航天大学徐伯庆等保障了课题的研究和水平。航材院段文彬、航空工业总公司曾凡昌保障了课题的运行和协调。富有传奇色彩的是总装备部马俊杰局长，航空工业总公司刘才穆处长对起落架考核试飞所起的决定作用，601所各位副总师、军代表室各位总代表的支持。课题组可谓是一个3部委，12个所、厂、院、校和谐的大家庭和强有力的战斗团队。

人情与理为友，与义为邻，欲同人情相识相随，最好的途径便是保持内心的真诚。赵振业在待人处事中的基本信条是诚实。他从不说假话，从不虚张声势。他和试样加工车间的调度韩永良、下料师傅王登泉、磨工程中牛，力学实验室调度朱日昉都是朋友。他们的帮助和安排加快了他的试验研究进度，他们都曾多次提前安排他的试样加工和试验，其原因和诀窍就是他总是把课题研究或开会等进度和时间安排如实告诉他们，绝不“谎报军情”，他们理解了重要性和紧迫性，主动提前安排。他到工厂跟产试验也常常因之进展顺利。

他当副总师期间审阅归档技术总结，如发现问题，一定会把意见和建议当面提给课题负责人。他当专家评审项目，也会如实把问题和建议讲给当事人。

赵振业是个情感很深的人。他始终忘不掉人民助学金助他念完了大学；始终忘不掉大学专业老师康沫狂教授对他的教诲；始终忘不掉分配到航材院圆了他搞科研的梦想；始终忘不掉师从李文澜先生为后来科研工作打下的基础；始终忘不掉在他每一个研究课题中相助的人。对他学习、工作有过帮助的人赵振业始终怀有一颗感恩的心。2002 年，有一次航材院的李志与他一道到 331 厂出差。一天晚上，赵振业对李志说，他要出去一下。赵振业到商店买了些礼品，就往厂家属区走去。原来，他是要去找一位 20 多年前帮他做过试件的厂中心实验室的老师傅刘永芬。几十年了，厂家属区变化很大，赵振业一下子很难辨认刘师傅家的位置。他四处打听，终于找到了，故友重逢，自然分外亲切。刘师傅对赵振业事隔几十年还想到当年曾为航材院做过试件的他，很是感激。

春天花开了，夏天蝉叫了，秋天果熟了，冬天雪飘了。老师成为赵振业心中最好的记忆。在康教授 80 寿辰暨执教 54 周年之际，他撰写论文发表于《金属热处理学报》上，以此作为对大学专业老师的报答。在 2009 年康教授 90 大寿之时，赵振业还特地写文祝贺，字里行间充满对老师的敬重。他在贺信中写道：

热烈祝贺康沫狂教授九十大寿

首先鞠躬祝贺尊敬的康沫狂教授九十大寿！

我是康沫狂教授的第一届金属材料及热处理专业本科生，1961 年毕业，如今已年过古稀。但每当回忆我的学术生涯时，眼前首先浮现出来的便是康老师。我不仅是最早跟随恩师从事高强度钢研究的学生，而且是老师把我领进了这个学科领域并成为同行。我为有健在的老师在心理上感到年轻，在学术上感到有所依靠。

康沫狂教授是我国著名的金属材料与热处理科学家、教育家，60多年的教学和科研建树，已在我国金属材料与热处理高等教育和科学技术发展中发酵出了巨大的效应，惠及了他的弟子、学生和国内外同行们。值此庆祝康沫狂教授九十大寿之际，颂扬老师的功德，表达我对老师溢于言表的感恩和尊崇心境。

与康沫狂教授在一起

奠基开拓，功彪学界。1956年进入西北工学院初，我和同学们最感新鲜和骄傲的一件事就是相传我们专业教研室有位康教授。他筹建了西北工学院金属学与热处理及车间设备专业，在他苦心经营、呕心沥血、不懈开拓下，很快铸成了“四大金刚”“四小金刚”为主体的教师队伍，并购置数量可观的有关试验设备，成为西北工业大学实力最强的专业之一，也名冠全国高校。几十年来，本科、硕士、博士毕业学子的勤奋，忠恳和事业有成受到普遍赞扬！

勤于实践，学识问鼎。中国有句古训叫“业精于勤”，这句话好似专为康教授而写。大学教授在人们的观念中当然是理论家，康教授还留给我最为突出、最为深刻的印象和特点，就是他敢于直面科学试验，直面生产现场，直面构件故障。他是我少见的在实验室为学生解难，到工厂为生产解难，到现场为使用解难的教授。不难想见，如果没有深厚的理论功底和绝技，怕难有这种胆量，即使有胆量，怕也难有这种能力。我最敬佩康老师孜孜不倦地探索，实践，毕生精力奉献于合金贝氏体相变方面的研究。在贝氏体相变理论上独树一帜，揭示了其物理本质，建立了新模型，定义了新组织，受到国内外有关同行学者的认可；在贝氏体相变应用上，研制成的高强度和良好热工艺性贝氏体钢，用作飞机关键构件，该钢至今仍在多种型号飞机上使用；随后又开发出性能更好的新型准贝氏体钢，为国家级科研成果重点推广项目，已用于石油、矿山、交通、兵器等方面，因此老师获国家发明二等奖和多种奖项，雄冠同行。

诲人不倦，桃李天下。康沫狂教授在西北工业大学创建了我国当时航空院校金属材料与热处理第一个博士点，他和有关同事们共建我国材料科学和工程一级学科第一批国家重点专业。他以强烈的科学使命感、民族使命感和赤子之心，几十年来，殚精竭虑培养学生，其中他亲手培育的博士生达数十人，桃李满天下。如今他的诸多弟子、学生在高等学校、科研院所、工厂企业乃至国家机关都已是栋梁之才，材料与热处理专业界领军人物和中坚力量。他们取得的科学技术和各种成就都伴同康老师这颗巨星一起放射着灿烂的光芒！

德高望重，师表楷模。康沫狂教授学术敏感、敢为人先，执着追求、学识渊博，坚毅创新、造诣高超，教书育人、为人师表，如今还壮心不已，关心他的弟子、学生们的成长，他是真正的“老师”。康老师平易近人给学生们留有极为深刻的记忆。我们这些年过古稀的老学生们走到一起，必谈的话题自然是对大学学习、生活的眷恋和美好回忆。其中，记忆最清晰的老师是康教授，最赞叹的老师是康教授，最怀感激之情的老师还是康教授。每遇有人问我学的什么专业时，我总是心怀骄傲地告诉人家说："我是西工大康沫狂教授的学生！"

合十祈愿尊敬的康沫狂教授福寿绵长！

在采访赵振业院士过程中，笔者提出想采访一下李文澜。对此，赵振业做了精心安排。5月的一天，他到城里把李老接来，然后驱车来到距航材院不远的大觉寺，说那里清静。

李老年事已高，腿脚做过手术，行走不太方便。

下车后，赵振业搀扶着李老一个台阶一个台阶缓慢前行，并一再叮嘱："小心点，慢些，慢些，不着急。"

大觉寺，又称大觉禅寺。西山大觉寺，是位于北京西郊阳台山（旸台山）南麓的一座千年古刹，以清泉、古树、玉兰、环境幽雅而闻名。大觉寺始建于辽咸雍四年（1068），初名"清水院"，为著名金代西山八大水院之一，后改名为"灵泉寺"，前后两个名字皆因寺内清泉而得名。宣德三年（1428），明代宣德皇帝敕资重修后亲赐"大觉禅寺"，此名沿用至今。

北京是一个文化城市，因此许多文人墨客也与大觉寺结下了不解之缘。

清代词人纳兰性德为大觉寺写有《浣溪沙—大觉寺》："燕垒空梁画壁寒，诸天花雨散幽关。"

1929年6月15日，冰心与吴文藻在大觉寺的客房中度过了新婚之夜。

俞平伯与朱自清同游大觉寺后，写有《阳台山大觉寺》。

1934年4月17日，朱自清夫妇和陈寅恪、俞平伯等同游大觉寺，不久朱自清即为大觉寺的玉兰花写了一首"游戏之作"的新诗："大觉寺里玉兰花，笔挺挺的一丈多；仰起头来帽子落，看见树顶真巍峨。像宝塔冲霄之势，尖儿上星斗森罗。花儿是万枝明烛，一个焰一个嫦娥；又像吃奶的孩子，一支支小胖胳膊，嫩皮肤蜜糖欲滴，眨着眼儿带笑窝。上帝一定在此地，我默默等候抚摩。”

1999 年，季羡林先生写有《大觉明慧茶院品茗录》。

1954 年，郭沫若曾从大觉寺移植了一棵银杏苗到西四的住所，被称为妈妈树，并随郭沫若一家迁入前海西街的郭沫若故居内。

与李文澜教授在一起（右）

李文澜几十年都没来大觉寺了，到此重游很是高兴。参观完之后，我们一行来到明慧茶院，泡了一壶上好的“西湖龙井”，坐定开始了采访。

访毕，已是晌午时分，便在寺内绍兴菜馆用餐。服务员递上菜单，赵振业一一征求李老的意见，点了几道绍兴特色菜，还要了一瓶 8 年绍兴花雕老酒。

李文澜先生平时不饮酒，这天老人家高兴也喝了一小盅。

席间，赵振业不时给李老夹菜、倒酒、盛汤，可谓照顾周到细致。

吃完饭，赵振业又搀扶着李老出了大觉寺。赵振业此时接到爱人电话，说她唯一的哥哥去世了，她要马上回去奔丧。

由于李文澜先生家住城里，跑一趟得一个多小时。李老执意要赵振业在航材院下车回家，说由司机送他回去就行了。司机小何也说，“没问题，赵院士您放心好了。”可赵振业说什么也不下车，非要亲自送李老回家不可。

做 人 梯

人才资源是第一资源，人才资本是最大的资本。人是决定的因素，这话是永恒的真理。

“科学技术是第一生产力。”国与国的竞争，就是科学技术的竞争，而科学技术的竞争，实质就是人才的竞争。

美国在第二次世界大战之后迅速崛起，成为世界经济强国的关键就是采取各种措施，创造各种条件，吸引了全球诸多优秀人才为其服务。

改革开放后，我国对人才的重视与培养提到了前所未有的高度。

赵振业始终认为，一花独放不是春，万紫千红春满园。所以他一直重视对年轻科研人员的培养。

在研究工作中，他要求年轻科研人员要注重实践活动。他认为，读书是学习，实践也是学习，实践出真知。作为一名科研人员要想取得成就，首先要掌握大量的专业和相关专业知识，而经验积累比知识积累更重要。他鼓励年轻人要主动工作，大胆实践，积极投身到中航工业发展改革的实践中，在实践中磨炼意志，增长才干，提升能力，建功立业。

赵振业曾语重心长地对青年科研人员说,没有走完一个课题“全过程”的人，当不好课题负责人；没有做成一个课题的人，做不好研究室的科研主任。

科学研究不能急功近利,更不能“以其昏昏,使人昭昭”。做学问，尤其是从事应用科学研究的人，绝不可以“吹牛”。你今天“吹牛”，明天就要对此付出代价。

他告诫年轻科研人员，要有责任感和事业心。他说，责任感也是一种力量，它有时是压力，有时是动力，但都是实现抱负所不可缺少的。他认为,事业是人生的总开关,它像飞机的发动机那样重要；事业又是人生的依托，人需要事业就像庄稼需要土地一样。事业是生活的主调、力量的源泉。事业能使人有所追求，事业能使人充实，因此，人必须有事业心。事业心强的人从来不会感到空虚。因为事业心像一块巨大的燃料，它能释放出无穷的光和热，驱散心中的烦恼和不快。他说，材料研究周期长，不易出成果，必须耐得住寂寞，守得住清贫，要有埋头苦干的精神，淡泊功利的性格，献身事业的热情。这不是赵振业的说教，而是他从事近半个世纪科研工作的亲身体会与感悟。

勤奋是一种美德，更是成功的一大秘诀。聪明的人，首先是勤奋的人。正如爱迪生所言：“天才是百分之一的灵感，百分之九十九的汗水。”你要赢得成功，那就首先应当变得勤奋。没有勤奋则没有收获。正像春天不播种，夏天就不能生长，秋天就不能收获，冬天就不能品尝一样。因而，赵振业常对年轻科研人员说：“勤奋比黄金可贵。”

赵振业告诫他的研究生们说，要学会读书，知道从书中学什么，不要当书本的奴隶。那么多的书、杂志，你也不可能都看完。比如看杂志，那里传播的是较新的研究信息，但看完一篇、看懂一篇也要花不少时间。所以，首先要看摘要或结论，是否为你所需；再看前言，是否可为你用；再看试验方法，是否可出高水平成果。认定必读再仔细读懂。专著中多是定论的知识、独到的知识，有利于建立概念，借鉴成败经验。但不可只读一本，要了解相关见解。当然，读书的要害是判断，判断的基础是基本理论、经验。读书的目的是借鉴，借鉴的目的是创造。没有哪篇文章、哪本书是要照做的。

1999 年 9 月，赵振业所著《合金钢设计》一书由国防工业出版社出版发行。此书是由国防科技图书出版基金资助出版。内容包括了20世纪40年代末以来，合金钢基础理论的研究成就与合金设计、物理冶金技术的发展。书中融入了赵振业近40年来从事设计新型高强度钢和研究应用技术的研究成果和经验教训。

赵振业编著此书的目的，在“前言”中作了诠释。他写道：

“其目的全在于：论述半个多世纪来合金钢研究、发展成就，借鉴已有的全新设计和应用经验，阐明理论基础，提示开发潜力，介绍先进设计，推动新一代超高强度、超高韧性钢的开拓。”

“书中虽然不可能面面俱到地阐述金属材料科学的基础理论，却致力于明确必不可少的基础理论，提示青年科研工作者注重基础理论这一自身建设的特别重要地位和作用。”

“书中不可能全面涉及几十年领域中高强度钢的设计发展，却致力于让青年科技工作者掌握主要高强度钢领域中的设计成果，借鉴前人在设计发展中的思路和源于应用的道路。”

“书中也不可能提供全面的合金新设计技术，却致力于指明新设计技术的研究成果和进程，提示青年科研工作者面对新一代的变革局面去创新、进取，直至达到开拓设计出异乎寻常的新钢种的目标。”

赵振业将自己所学、所研、所用毫不保留地和盘托出，供高等学校师生、专业研究生、材料研究人员及机械、冶金等工程设计和技术人员使用。

赵振业自1985年开始带研究生，1992年为博士生导师，并被西北工业大学、河南理工大学聘为兼职教授。他怀着对国家和青年一代的无限热爱，在每一个博士生身上都倾注了大量心血。他不满足于只给学生一些方向性的指导和点拨，对学生研究课题的细微之处也孜孜不倦地进行讲解和指导，对学生的博士论文要求极严，首先要有创新,要经得住时间的考验,要经得住挑剔的评审人员的评审。他倾毕生所学，亲自指导先后培育了多名硕士、博士研究生，博士后。他的这些学生的毕业论文多为优秀论文。他们中不乏出类拔萃者，有的已经成为专业的技术骨干。

在2006年召开的两院院士大会上，胡锦涛主席专门讲了建设宏大的创新型科技人才队伍问题。在2008年两院院士大会上，胡主席再一次强调，“一定要把加速培养造就优秀科技人才特别是科技领军人才作为十分紧迫的战略任务抓紧抓好。希望两院院士更加关注人才培养，把发现人才、培养人才、举荐人才作为自己工作的重中之重，发扬我国科技界甘当人梯、提携后学的光荣传统，在培养新型人才方面发挥重要作用。”

与学生在一起（中）

赵振业将育人视作自己一生的一个神圣使命，为早出人才、快出人才，满足航空工业日益增长的需要而不遗余力，倾注心血。

2009年，赵振业将他从事材料科学和材料应用技术研究的体会与实践，加以整理成“先进材料研究发展中的几个基本规律”讲稿，并刻成光盘，分别在哈尔滨工业大学、西北工业大学、北京航空航天大学、重庆大学、天津大学、河南理工大学、江苏大学、航材院等高校和研究院所讲授。内容包括基本概念、材料科学与工程“四要素”、材料科学与工程两个“全过程”、材料技术体系四个部分。他那既有理论又有实践的讲座受到高度评价，人们不仅增长了见识，还有一份感动，更多的是体味和扪心自问。事后不少人建议将其列为大学专业教材内容。

第十章

温馨的家

四代同堂

赵振业有个温馨的家，上有 97 岁高堂，下有一双儿女，双胞胎孙子为家庭增添了无限生机和乐趣。老夫妻俩厮守以沫，劳逸有度，安度天年。

赵振业家可谓电信局的模范客户。老母居住原籍，请亲戚帮助照料，赵振业每天一个电话前去请安。老母虽年岁高迈，尚耳聪目明，行动自如，自己操持一日三餐，朝日与四邻乡亲谈长论短，自感安逸。赵振业常以有健在高堂感到自豪，他说老母是他最大的幸福，让他永远年轻。老娘在家每天按点等候儿子的电话，如遇赵振业无法按时去电话，她总是要去摸一下是否电话出了毛病，一直等到接完电话才会上床睡觉。老人家不时还会问儿子，说外孙女、孙子为什么这几天没有来电话。天天如是，月月如是，年年如是。

一家人

赵振业是个闲不住的人，每天都有做不完的事。夫人在家操持家务，颇为忙碌。俩人早起上山晨练一个小时，晚上还会绕街散步一个小时。假日过节有时回家看望老母，也会远走旅游，乐个清闲。

女儿赵兵，旅居美国已20余年，一家4口人。大人一天忙于工作，小孩子忙于学习。赵兵从小在家由奶奶照料，跟爷爷去上学，一直到初小毕业。赵兵勤劳、孝顺，操持家务，陪送孩子参加课外学习、游艺，每天总是忙忙碌碌的，很晚才会休息，习惯了美国人的快节奏。尽管忙碌，但总不忘给奶奶去电话问安。赵振业夫妻俩很喜欢聪明、好学、懂事的小外孙女，常夸小外孙憨厚、诚恳。小家伙4岁开始学打冰球，经常到其他城市、州参加比赛。赵兵夫妻俩憧憬小家伙的冰球前景，赵振业夫妻却常感不安，每每要问冰球场上会不会摔跤，比赛中会不会受伤。

儿子赵居，一家住在加拿大已有10多年。4口人的生活颇具当地风习。夫妻俩除忙碌自己的工作外，还要操心两个孩子的学习，早出晚归。赵振业夫妻对双胞胎孙子倍加关爱，这是传宗接代的欣慰和心境上的满足。两个小家伙还算聪明，常会向爷爷奶奶吹牛，夸耀自己的学习好，每个周末他们都会打来电话与爷爷、奶奶聊天，从学习到起居，从课外学习、运动到假日出游、聚会和麦当劳，身高几许，体重几何。

孙子、外孙们一回家来，爷爷奶奶高兴得合不拢嘴，变得异常忙碌。白天操持一日三餐，让他们感受一下中国的饭菜，还要带他们去游乐场。小家伙们个个是傻大胆，每次不过把“过山车”瘾就不愿意离开。什么游艺刺激就非要尝试不可。为了多玩几个项目，老夫妻俩乐呵呵地分头去排队，又提心吊胆他们的安全。晚上，小家伙们与爷爷奶奶挤在一起睡觉，谈天说地，问东答西。

有一年，赵振业夫妻带两个孙子回老家去看望老娘。夜里老鼠从孙子被子上爬过，小家伙诧异不已，十分害怕。他们从未见过老鼠，更不知道老鼠居然会在睡床上窜来窜去，以致印象颇深，随后几年来总会聊到这次历险，不敢忘怀。

南北鸳鸯

赵振业与夫人刘佩芬是河南同乡。她1964年从河南医学院毕业，分配在安阳市第一人民医院当内科医生。从1965年结婚到1979年调入北京621所，夫妻俩南北相望达15年之久。夫妻俩微薄的工资收入不少交给了铁道部。坐在每年一次的探亲火车上心情激动，靠在返程火车的座椅上情不自禁地眼泪一路不断。愁工作调动犹如一年一度的七夕，空虚惆怅。

赵振业说，他不是一个好丈夫，他欠夫人太多。

洞房花烛夜，这是人生的一大乐事。赵振业夫妻俩结婚就在621所里一个会议室里举行，他们的洞房设在所招待所一间破旧的斗室，里边只有一个两张单人床拼在一起的床铺。谈起婚礼，赵振业颇有兴致。他感谢室行政助理员邢荣福同志热心操劳，感谢同事、朋友们给了他一个当时还算不寻常的隆重婚礼。热疲劳组的同事送的一面镜子至今还摆在赵振业家里。婚礼虽没有鲜花，没有美味佳肴，只有一些糖果和茶水，但热闹异常是原来没有料到的。就是这样简单的婚礼，还是向同事借

在郑州

了 40 元钱办的。自然，新娘也没有什么体面点的衣饰，赵振业穿的是随身的军装，不算寒酸。在那个年代，大家都是如此。

1966 年，他们的“千金”降生了。当爸爸是人生一大转折，赵振业自然激动得溢于言表。生孩子是女同志闯过的一道鬼门关。可是在夫人最需要丈夫照料和关爱的时候，赵振业却出差在外，未能尽到丈夫起码的责任。1968 年，他们的儿子也出世了，赵振业又是在外出差。家里老人因“成分”不好，要接受改造，不允许前去照顾女儿。多亏了邻居朋友们的关心，一切杂事都帮忙处理，刘佩芬自己当然也不得不做“不能”做的事。赵振业说，他会对夫人愧疚一辈子。刘佩芬一个人住在医院，还要去“医疗下乡”，难以照顾两个孩子，只好将女儿送给爷爷奶奶照料。这一送就是 10 来年。孩子们多年在老家生活，跟爷爷去上学，所以和爷爷奶奶的感情很深，至今还总是不忘打电话去问候。那时候，赵振业父母家可谓“一贫如洗”，孩子们的穿衣吃饭全要靠刘佩芬去张罗。自己省吃俭用不说，还要到处向朋友、熟人打“饥荒”，到百货店去买布头，到粮店去买别人不买的粗粮，积攒起来送回老家去。亏得那时当医生熟人多。一次她积存的粮食、糖、衣服装了几个纸箱往家里送，一下火车还有 10 多里路才能到家，当时就感到自己力不胜负。只好一步步地往前移。就在她筋疲力尽的时候，巧遇安阳人民医院的车去郑州请医生会诊，将物品放在车上带了一段并存放在一个水坝的看守房里，才得以去老家报信，找人帮助。可以想象，在 10 多年里类似的事有多少。刘佩芬体验了一个做母亲的酸甜苦辣。

不堪重负只是身体和生活上的痛苦，两地分居折磨着赵振业夫妻俩。赵振业虽然是技术骨干，奋不顾身的科研工作者。但在那个“宁要社会主义的草，不要资本主义的苗”的岁月里，赵振业尽管屡屡向室政委、书记和领导打报告，请求将爱人调到北京，解决夫妻两地分居问题，但一年又一年，别的同事的爱人调来了，亲属调来了，工人、护士、农民调来了，自己的事却始终没有结果，连个口头承诺都没有。

而且，找领导次数多了，人家还会一脸正气地说这是“阶级斗争新动向”。说的客气点，也会是“个人主义”。刘佩芬每当接到这样的信，心里总是沉甸甸的。幸好“文革”结束后邓小平同志复出了，许多蒙受不白之冤的老干部复出了。几经周折，得到不少人的同情和帮助，刘佩芬进京问题解决了。1979 年，刘佩芬总算是调进了 621 所。赵振业两口子异口同声地说，如果说是党和人民助学金让我们读完了大学，那么党的改革开放政策又让我们真正成为一家人！

刘佩芬说:“古称相州的安阳是战国七雄之一‘韩国’的所在地。这座历史文化名城，号称中国七大古都之一，是著名的世界文化遗产——殷墟所在地、汉字之都、甲骨文之乡、《周易》的诞生地、上古颛顼帝喾二帝陵墓所在地、隋唐著名的瓦岗寨起义地、岳飞故里、红旗渠精神发源地。同时也是中原经济区重要的中心城市。我也曾想让赵振业调到河南安阳工作。可老赵太爱自己的专业了，科研对他的诱惑力太大了。他不想放弃，我也不忍心逼他，还是自己辛苦吧。”这句话说起来容易，其中蕴藏的千辛万苦恐怕只有她自己才最清楚。

两个孩子上学是这个家里最难办的事。女儿在河南安阳读重点中学，转来北京温泉二中重点班几经周折，找班主任、找校长、找校办人员，方方面面的人员都必须拜到，外来户嘛，有什么办法。女儿初中毕业考高中，成绩达到重点高中分数，但未被录取。找招生办，找学校，找海淀区教育管理部门。刘佩芬骑自行车技术不佳，为按时到达，硬着头皮也得上路，一次就是几十里。皇天不负有心人，多亏区委领导主持公道，女儿才

妻儿在安阳

进入重点高中。儿子上住宿高中同样也经历一轮拜神拜佛程序。在孩子几年的中学学习、大学学习期间，刘佩芬经历了许多危险状况。一次在马路上，她躲汽车害怕，下车技术又不佳，摇摇晃晃往边上靠，恰巧被旁边一位老先生三轮车撞上，她赶忙向老者道歉，路边人告诉她是老先生撞了她。赵振业常说，他不是一个称职的父亲，他整天忙着研究、跟产，本该他办的事全让妻子承担了。

赵振业夫妻俩都要上班，还要学习，希望能把工作做好，比他人做得更好些。儿子脖子上挂着钥匙，放学后自己开门复习功课，做作业。小孩子哪有这种自觉性和自制力？一次，同楼小朋友敲门约出去玩耍，被一位小朋友玩的铁丝伤了眼睛，小孩子不懂，自己跑回家去躺在床上，等刘佩芬回来才送到市里医院住院治疗。路远、担心和时间紧张又折磨着这位本已不堪重负的母亲。

孩子，远在老家的两方父母、微薄的工资收入，让刘佩芬在身体和心理上承受了极大的负担。一次，爷爷奶奶来看孙子，那时已是十月深秋，儿子送爷爷上火车时却还穿着一双破旧的塑料凉鞋，惹得刘佩芬哭了一场。她撑着这个家太难了！

妻子支撑着家

1979 年，刘佩芬调到了赵振业所在单位。但这位科班出身、有着 10 多年医疗经历的内科大夫并没有分配到所职工医院，而是分配到了幼儿园。刘佩芬想到夫妻能团聚，一家人能团聚，无论在哪里做什么都感到十分开心、快乐。

钻研幼儿营养学，推出儿童营养餐，聪明干练、大胆泼辣的刘佩芬一下子成了海淀区后山片小有名气的人物。工作尽心尽职，赢得了同事、孩子家长的赞誉和领导的青睐。1982 年，组织上将她调到所职工医院，后又任命她为医院院长。

刘佩芬是一个为人厚道、工作认真负责的人。清清白白做人，老老实实做事，一直是她处世的信条。刘佩芬说，她本姓张，出生地是河南新乡县七里营刘店村，从小到姨妈家改姓刘当养女。姨父是小学老师，是个很精明的人，没有重男轻女思想，一直供刘佩芬上学。而且学校都挑好学校。刘佩芬念的小学是乡里最好的中心小学，初中、高中上的是郑州女子中学。

刘佩芬姨父家是地主成分，姨父经历了许多坎坷。1978 年，党的十一届三中全会拨乱反正，给他平了反，恢复了工作和名誉，作为离休教师走完他人生最后的一段里程。他自己及其子女都感到欣慰。

刘佩芬调来北京后，一家 4 口没有住房。好在与赵振业同住单身宿舍的一个同事经常出差，他们就在那里住下了。双层床，下层住人，上层放物品。做饭在走廊里。吃饭时就把一张小桌支起来，吃完后把桌子、小板凳统统塞到床底下，就这样，一住就是 8 年。她说，“赵振业经常去企业跟产，一去就好几个月，家里里里外外，吃喝拉撒都是我，有啥办法，理解万岁。”“老赵年轻时爱好体育运动，篮球、乒乓球、打牌都喜欢，只是没时间。他总觉得时间不够用，经常下班半天了还不回家。有时我打电话催他回家吃饭，说饭菜都凉了。他在电话里回答好，马上回。可等了半天也不见人影。他就这么个人，我也习惯了。”

1995 年，刘佩芬退休了。女儿、儿子一家都住在国外，家里只剩下老夫妻俩，是个典型的“空巢家庭”。俩人身体还不错，本可以在退休后清闲一下，但新的一轮劳作又开始了，为孙子、外孙们购买中文课本、参考资料、习题解，年年买，每学期都忙。

刘佩芬是传统女性，典型的贤妻良母，也难怪。

都说成功的男人背后一定有一位坚强的女人。正是因为刘佩芬的默默奉献，才使赵振业有足够的精力和热情投入到他痴迷的航空结构材料研究中，才使他取得骄人的业绩。军功章也该有刘佩芬的一半。

对此，赵振业动情地说：“40多年科研历程和所取得的各项成果中，凝聚着我大半生的拼搏，蕴含着同伴们的功劳和无私奉献，也饱藏着父母妻儿的含辛茹苦。我永远铭记他们的高尚，敬仰他们的伟大。”

女儿心中的父亲

赵振业的女儿远在大洋彼岸。这位已是两个孩子妈妈的中年女性，谈及父亲，言语中充满深情，她在《父亲印象》一文中写道：

童年时对父亲最深的印象，他是个很疼我的大忙人。那时，父亲和母亲各自在北京和安阳工作。我和弟弟是在郑州乡下爷爷奶奶家长大。爷爷奶奶家就在黄河大堤边，家里院子大，四周邻里小朋友多，小伙伴们经常在大堤上下游戏打闹，所以我们很得其乐。

爸妈工作脱不开身不能常来，可总是从城里寄来包裹，我们姐弟俩总是争着打开包裹。包里总是乡下稀罕的糖果和崭新的衣裳，让周围小伙伴们羡慕不已。记得最清楚的一件事是小学一年级开学头一天，我戴了爸妈寄来的新帽子去上学，结果让学校小朋友们尾随围观了一整天。

我十二岁那年，母亲工作调动到北京与父亲同一单位，我们便全家进了北京。我和弟弟终于能和父母长住在一起。头一个夏天，父亲便把我们带到附近运河教游泳。记得他头一天教了我们基本动作，第二天便带着我们游过了河。我当时心里很是高兴，父亲给我们长了大本事。

父亲一直非常重视我和弟弟的学习。每天放学回家，我们总是必须先把家庭作业做完。遇到疑难的问题，父亲总是下班后替我们解答。我记得父亲的讲解最为简单明了，常常让我茅塞顿开。

除了辅导学习，父亲总不忘培养我和弟弟如何做人。他曾给我们讲他上学时经济拮据的境况，告诫我们不要追求物质上的奢华。而他自己更是身体力行——我自小到大很少见他穿新衣服。父亲还常敦促我们要多干实事，不要夸夸其谈。这一点我们也从他身上看得分明。他每天下班，总是带了工作回家，而且常常是忙到深夜。直到今天，父亲还是丢不开工作。我在美国多年，常邀他出来小住，可他总是因工作忙脱不开身。好容易有一次终于成行，可他也是身在美国心在单位，短短几个礼拜也要给单位打电话了解课题的进展情况。

工作之余，父亲烧一手好菜，平时一家人的饭菜往往是由他来做，他也从不抱怨。有客人来访，则更是他主厨。客人们无一不夸他手艺好。

自从全家到了北京，我们家便有了个传统，每逢节假日父亲总要带领全家去爬山。我们家住西山脚下，所以拥有得天独厚的条件。每逢这些日子，父亲便早早把我和弟弟叫醒，打点好干粮茶水上山。翻过山去便是樱桃沟。沟内古木参天，溪水潺潺，实在是爬山后再好不过的奖赏了。我们一家人总要在沟里逗留，最后围着一块大石头席地而坐，慢慢吃着自带的午餐。之后便沿着溪流而下，溜达去卧佛寺。赶上“十一”，还总免不了接着爬香山看红叶。父亲喜欢摄影，早些年攒钱买了个相机，所以一路总给我们照相，一家人说说笑笑，走走停停的情景，至今记忆犹新。

我后来长大了，离开了家，可父亲对我们的关爱依旧。我十几年前刚到美国时，每次通电话，父亲总是详细询问我的学习和生活情况，提醒我既要好好读书，又要注重身体。时至今日，一旦他从新闻上得知美国有什么不好消息，总还要打电话叮嘱我多多小心。

父亲是个大孝子。他年少离家，后来一直在北京工作，所以一辈子心里总是惦挂着乡下爷爷奶奶的生活。以前通信不便，他总是一有出差机会便争取去看看爷爷奶奶。后来电话通了，他便每天都要给他们打电话聊天。

光阴荏苒，一转眼我的儿女已接近我当年初到北京的年龄，作为父亲的女儿，我最大的荣耀就是能给我的孩子们自豪地介绍他们姥爷的为人，希望他们能耳濡目染姥爷的品格。

在美国的女儿

孙子话爷爷

说到双胞胎孙子，赵振业很是开心。两个小家伙对爷爷也别有一番思念和评价。他们在《我的爷爷》习作中是这样写的：

My Grandfather

My grandfather is a man which I have a lot of respect for. But, I' m not the only person thinking of him as a great man. He is one of the few people who, at the age of 72, are still working. Even though he is retired, he still goes to work because he is needed and because he likes his job. Unlike a lot of older citizens who have to quit their jobs at the age of fifty or sixty years old, my grandfather is very hard working and has one of the highest ranks among all the people still working, young or old. My grandfather is a remarkable men also because. He has worked hard his whole life. Ever since his childhood, he had the best marks at school, he was so intelligent that the teacher used to give him 100% without even looking at his exams. Even though he didn' t have conditions as good as I do now, he still managed to make his way into university and to get a good job. He is selfless at a point that he doesn' t even spend his money for himself but for others for example, when I went to China to visit him, he bought me numbers of things that he never would of bought for himself. Also, because of the knowledge he possesses, he received a lot of important prizes and rewards that he really deserved. For his many inventions and years of loyal service to the country, some very intelligent people who recognized his genius even took him as teacher and wanted to learn valuable things from him. But, even though he is a very important and busy man, he still takes the time often to go by train to see his mother who is in the nineties but still in a very good shape. When he goes there, he brings gifts not only to his mother but also for all of the other elderly people that are close to her. In conclusion, these are only part of the things you could say about this man of unmatched knowledge, wisdom and determination.

Zhao Chenyu

Zhao Chenkun

译文如下：

我们的爷爷

爷爷是我们最尊敬的人，他是一个了不起的人，不只是我们这么认为。像他这样72岁高龄仍然工作在岗位上的人实在不多。虽然他已退休，但他仍然继续从事着他的事业。因为他热爱他的工作，他要靠他的工作去延续他的梦想，不像许多普通的老人，在他们 50 岁或 60 岁的时候，就离开了工作岗位。爷爷工作非常努力，在所有与他共事的工作人员中，无论是年轻的还是年长的，他总是努力冲在最前面。他是一位不同寻常的人，他的一生都在努力地工作。在他的童年时代，在学校里的成绩就非常优秀，他是那么聪明，以致他的老师曾经不用阅批他的试卷就给了他 100 分。然而，那时的他没有像我们现在这样优越的学习条件，但他凭借自己的努力考入了大学，并且找到了一份好工作。他又是一位那么无私的人，从来舍不得为自己花钱，但却舍得把钱用在其他人身上。每当我们回国看望他时，他总是给我们买这买那，但却从来舍不得给自己买东西。他有着渊博的知识，多年来有多项发明创造，并且忠诚地服务于祖国，所以他获得了许多重要奖项。那些认识到爷爷天赋的人总是把他视为老师并且向他学习。虽然爷爷那么重要并且繁忙，但他仍然抽空坐火车去看望他依然健在的 90 多岁的母亲。每次他去那里，不仅给曾祖母带去礼物，还给所有与曾祖母关系密切的其他老人带去礼物。总之，这里只是记述了我们爷爷这位知识渊博、睿智和有决心做好任何事情的人的点滴事情。

赵宸宇　赵宸坤

在加拿大的孪生孙子

第十一章

细微之处见精神

一滴水能折射太阳的光芒，一件小事能反映人的品行、道德素养。赵振业的许多同事撰文回忆起与他共事的点点滴滴，笔者择其摘录如下，以期读者对赵振业有更多的了解。

和导师在一起的日子

张伟*

1985 年我从北京航空学院（现称北京航空航天大学）毕业，分配到北京航空材料研究所（现称北京航空材料研究院）第三研究室工作，直到 1998 年初因工作调动离开，在航材院共工作了 13 年。在这 13 年中，我一直在赵振业院士的领导下从事航空结构钢和不锈钢的应用研究工作，同时在他的指导下，完成了硕士研究生的学习并取得了硕士学位。可以说，我毕业后的第一份工作是在航材院，而赵院士是我走向社会的领路人和导师，我是在他的培养和指导下成长起来的。

在我的印象中，赵院士作为技术主帅，他高瞻远瞩，运筹帷幄，谦虚谨慎，注意发扬技术民主，正确解决技术难题；作为导师和专家，他学科专业理论扎实，精通业务，科研严谨，注重培养年青一代；作为课题总负责人，在所带领的科研团队内创造了高度团结、积极向上、充满希望、不畏艰苦、工作踏实的良好氛围。他有强烈的事业心和责任感，通过正确的科研理论和务实的工作作风，扎扎实实并创造性地去完成每一项课题工作任务，所负责的课题取得了一个又一个的优异成绩。

工厂出差

刚走上工作岗位，我对什么都充满了好奇和兴趣，尤其对出差。刚进课题组，就问什么时候能出差，赵院士说："你有的是出差机

* 作者系中航国际转包生产事业部飞机一处处长。

会，你可能会不习惯的。”当时我并没有理解到其中的含意，因为那时有人说，出差就是游山玩水，到处转。但第一次出差却让我充分了解了工作环境的艰苦，了解到科研工作的艰辛，了解了老一辈科研工作者取得科研成果的艰苦条件，理解到赵院士说的不习惯。

第一次出差是为300M钢材料研制和赵院士访问抚顺钢厂。我是带着兴奋的心情踏上去抚顺的火车，随着火车向北行驶，看着车窗外的景色，我的心也渐渐失望起来，相比起我南方家乡，窗外的风景差太远了。一出抚顺火车站，就真是感觉到了重工业城市，天不是蓝的，是灰蒙蒙的；整个城市清洁度很差，空气中的灰尘很大，不一会儿鼻子里就不太舒服了，纸一擦都是黑的。

到钢厂招待所办完登记后进到房间，一眼就看到床上有一层黄色的物质，我以为是床单没有洗干净，连忙呼叫服务员要求换新床单。说实话，20世纪80年代的服务态度真不能和现在相比，等了20多分钟也没有人来换，我只好用毛巾将黄色的物质掸掉。到下午4点多，离招待所不远的车间上方突然不断喷出黄色的物质，原来是工厂高炉开始出产品，这些黄色的物质在空中聚集，渐渐在天空中形成黄色的云并随风飘移，没多久就飘到招待所上方，黄色的物质穿过窗户落在屋里，飘落在我的头上和身上，刚掸干净的床上又布满一层黄沙，这时我才明白，原来床上的黄色物质是炼钢时产生的污染物。只要有生产，就会黄尘满天，到处飘落。

晚上，一身一头的黄沙，想洗洗再上床睡觉，但招待所的浴室因老化不能使用，我们只好去招待所旁边的公共浴室。一进那公共浴室，我实在是无法多待一分钟，每个龙头下至少有七八个人在轮流洗，而中央的大浴池里挤满了人，已经看不清池子的水在哪，地面上的水也看不出什么颜色了。我们只好又回到招待所，简单地擦洗一下，再次把床单掸干净，关好窗户休息。第二天一起来，床上又有黄沙，原来工厂是24小时轮班工作，而招待所的房屋老化，窗户无法完全密封，在半夜出钢时排出的黄尘从窗户缝隙钻进屋里，我们是盖着“黄被”睡了一觉。我对赵院士开玩笑说，下次再也不来了。其实，赵院士几十年来不知到钢厂多少回，跑了多少趟，为了科研任务，他常在钢厂一住就是几个月。他的吃苦、敬业、奉献精神真令我佩服。

现场跟产

20世纪80年代后期，赵院士负责的300M钢起落架研制课题进入到了关键时刻，进入了起落架零件研制阶段。由于当时我国航空工业制造条件和设备的限制，一个企业无法承担起落架制造的整个工序，必须依靠整个航空工业的资源才能完成起落架制造的全部工艺流程，零件必须在多个企业流转，需耗用一年以上的时间才能完成制造。

由于历史的原因，我国的航空工业是在立足备战的基础上建立起来的，很多航空基地都建在山区或比较隐蔽和偏远的地区，区域比较落后，交通和生活非常不便，而且各基地相距较远。赵院士身先士卒，从污染严重的东北工业重镇到贫穷的黄土高原，从偏僻的贵州山沟又回到东北，始终以饱满的热情工作在零件制造现场工作的第一线，以确保新工艺技术研究成果的实际应用，确保制造出世界水平的飞机起落架并装机试飞。

锻件制造是起落架应用研究的关键技术，也是起落架零件制造的第一道工序。赵院士带我一起到位于陕西红原的起落架锻件制造厂现场跟产。工厂地处不发达地区，交通极为不便，必须乘火车到西安，再换乘长途汽车到县城，最后搭乘农民的三轮简易运输车到工厂。我们入住在工厂简陋的招待所，洗漱和卫生间都是在招待所院子内的公用区，有时内急还得小跑。记得首批锻件制造是在年初，气候非常寒冷，早上起来水管里的水是冰凉的，洗脸漱口时手和脸都感到一阵阵刺骨的疼，洗漱中要不断地甩手以保证还有感觉。

招待所的食堂每天是定时供应三餐，且不说饭菜的质量如何，数量都无法保证，如果稍晚点去，就只能让大师傅临时再做些，将就吃点了。

由于起落架是大型的锻件，需要动用大型锻造设备，而当时地方的用电紧张，锻件生产只能安排在晚上进行。白天我们和工厂技术部门一起研究并制定锻造工艺，晚上再到车间现场。近午夜，赵院士穿着厚厚的大衣，带着我来到锻造车间。进到车间，赵院士就不断询问现场情况，用仪器测量炉中的温度，炉中的温度超过1000℃，每次测量需近距离接近炉子，炉门一打开，就会有一股热浪扑面而来，烤得脸上火辣辣的。开始锻造了，63吨的锻机能量很大，即使我们在安全区域，还是能感到整个车间的地面都随着锻造时模具和锻件的相撞而上下震动，产生的巨大声音震得耳朵嗡嗡作响，耳膜像要被穿透似的。每完成一件锻件，赵院士都要上前看看锻件表面，问问尺寸检查结果，锻件的温度很高，稍不小心就会被烫着。待一批锻件制造完回到招待所休息，已经是凌晨3点多了。早上7点多，赵院士把我从睡梦中叫醒，他又精神饱满地投入到当天的工作中。

质量控制

在20世纪80年代，我国的飞机起落架与国外有很大的差距，主要体现在材料和零件制造技术上，发达国家的起落架寿命达到5000小时，我国的寿命只有几百小时，甚至更少。为了制造出与机同寿的世界水平飞机起落架，赵院士提出了基于表面完整性理论的一整套起落架加工制造技术。这些技术在工厂都是第一次应用，工厂原有的生产体系和劳动习惯可能无法保证这些先进技术的真正应用和实施效果。因此，课题的最大难点不仅仅是制造技术本身，更多的是让工厂能够接受并自觉地执行。

真空热处理是课题的一项先进工艺，能够有效地提高零件的表面质量和减少加工余量，减少后续零件机械加工时间。当时在整个航空工业只有贵州云马厂有大尺寸的真空热处理设备，能够热处理起落架零件。在完成起落架零件的粗加工后，零件由112厂运到贵州云马厂进行真空热处理。

经过和工厂精心的生产准备和一天的热处理，第一炉起落架零件的真空热处理终于完成了，时间已是晚上9点多。我对赵院士说："该回去休息了。"赵院士回道："你要累，就先回招待所吧，我还要到厂检测部门看热处理随炉试样的检测结果。"我想热处理都完成了，检测应该是工厂的事，但赵院士执意要去，我也只好跟他一块离开热处理车间，前往性能测试室。到那儿后，随炉试样还在车间加工，我们就和检测人员讨论测试的标准。一会儿，加工好的试样送到测试室，但赵院士没有让立即进行性能测试，而是要求先对送测试样进行尺寸检测，看是否达到有关标准的规定。结果发现，随炉冲击试样的缺口尺寸与标准不符，此时已经晚上11点多，车间和测试室只留有值班人员，赵院士亲自带着试样，来往于加工车间和测试室之间。云马厂地处贵州山区，连绵阴雨，方圆几十里只有云马厂一个单位，寂静的厂区道路上，只见赵院士顶着寒风在快步地走着，及时把返工完的试样送到测试室，又把不合格的试样再次送回加工车间，他与工人和检测人员一起分析不合格的原因并提出修正方案。经过四次的精细返工和检查，冲击性能试样的U形缺口终于加工合格，通过了金相比较检查，可以进行力学性能测试了。而完成了所有的性能测试后，已经是凌晨4点多了，测试结果都达到了标准要求，真空热处理技术的应用获得了圆满成功。这时我才深刻认识到，科研工作是非常严谨的，必须关注任何细节，如果送检试样制备不合格，那么得到的测试结果就根本反映不出真空热处理质量的真实情况，就可能产生错误的信息，给课题造成损失。

和赵院士在一起工作的13年，有很多感触。仔细想来，刚参加工作，我在课题组中是最年轻的，最主要的工作是下厂和现场跟产，也是我和赵院士接触时间最多的。在和赵院士一起出差工作的过程中，我理解到科研的艰苦和艰辛，看到了赵院士严谨踏实的工作作风。虽然我调离航材院已经11年了，现在工作的性质与在航材院又有很大的差异，但和赵院士一起工作的那些岁月一直在我记忆中永远难以忘却。

难忘与赵老师在一起的几件事

李志*

1999年4月，我在中国矿业大学北京校区完成了博士论文工作，几经努力，来到北京航空材料研究院博士后流动站，进站进行博士后研究，指导人就是赵振业老师，那时他刚60岁出头，看上去像是50来岁，显年轻。

我博士后的题目是有关超高强度不锈钢和不锈齿轮钢的内容。在一次谈话后一起下班的路上，赵老师轻描淡写地说了一句："要做成一件航空材料的事情，往往十几年就过去了。"我当时心里一惊，"需要这么长时间吗？"现在回过头来看看，确实需要很长时间的艰苦努力。

在选题和确定工作方案的那段时间，我显得很着急，希望能够早日开展试验工作。赵老师则要求我多查阅一些资料，并不断地给我一些他查阅的资料，力求让我全面了解超高强度不锈钢和不锈齿轮钢的发展轨迹和发展趋势，在各个阶段遇到的技术问题，这些技术问题是如何克服的，等等，并要求我在此基础上先进行一些探索性的研究，熟悉工作环境，逐步了解我们想做的事情和现实状态的差距。

*作者系航材院结构钢、功能材料与热处理研究室副主任。

赵老师十分注重材料学基础理论的应用，超高强度不锈钢和不锈齿轮钢在10年前还是非常有前瞻性的选题。当时在航空领域高强度的不锈钢和不锈齿轮钢都用得很少，更不用说超高强度不锈钢和不锈齿轮钢了。这一状况给研究工作带来了很多困难，包括超高强度不锈钢的合金强韧化基础理论方面，都需要进一步认识。要说强韧化理论，学金属材料专业的人谁都懂，可要说清楚强度在1900兆帕以上，且具有高断裂韧度的合金的技术途径和细节，就不是一件容易的事情了。这首先要定出合金化学成分，之后再确定冶金工艺。赵老师要求在现有合金化学成分的基础上通过计算来探索，确定新合金成分。这些基础性的研究工作迫使我打破过去头脑中形成的框框，努力去学习、掌握新知识。后来在工作中体会到，这些经历对于问题的全面把握是很有用的。当我辛辛苦苦将合金成分准备好与赵老师讨论时，赵老师把他自己推出的化学成分给我看，并一起讨论确定小炉试制的方案，这件事情给我的印象非常深刻。在此之前，我的印象是人到了60多岁一般不会这样具体地做事情了。需要说出来的是，在和赵老师相处的最初几年里，诸如“要这么具体吗？真要这么干下去吗？”这些想法经常在困难时出现在我的脑海里，现在看来，是要这么具体、这么干下去。

赵老师做事情的认真、严谨和执着是出了名的。我在博士后期间测试新合金的物理性能时，需要测试相变点，当时钢铁研究总院能做。我取回了测试报告给赵老师看。由于报告格式不规范（现在国家钢铁测试中心的报告要规范多了），无测试设备和测试方法等应该向顾客交代清楚的内容。赵老师就问测试设备是什么？用的什么测试方法？我只记得设备名称、型号，测试方法连问都没问。当时已是中午下班时间，我说下午再了解一下，现在该吃饭了。赵老师示意让我先走，他自己想办法问清楚。我出门时心想，有必要这么认真吗？只要确保数据真实让我们用就是了。在我下午上班的路上正好遇到赵老师，他刚下班。在随后的工作中我逐步体会到测量系统的基础地位和重要性，尤其是2009年学习了六西格玛的有关知识，更加深了对“测量”的认识，赵老师对测量系统的重视无疑是对的。只有对测量系统有数了，数据的准确性就有数了，才可以使用。

初来航材院，偶尔看到300M钢研究报告，感觉和高校论文不同，比较实际，可细细地品一下，有教科书式的味道。我印象比较深刻的是300M钢机加工艺研究报告，前言以基础理论切入，引出研究的主题，研究结果和研究结论看上去就是在机械加工专业这棵大树上顺理成章地加上了一根枝条，非常自然、和谐，同时它又是完整而有机的300M钢技术体系的重要组成部分。10年之后再想起这些事情，能体会到做事起点的境界是很高的，不仅如此，在完成一个项目的十几年的艰苦历程中若没有自始至终的严谨、执着和坚持这些精神的话，是无法贯彻、落实这些高起点的想法的。

“九五”末期，和赵老师到株洲608所和331厂出差。那是我博士后出站留三室工作后，头一次和赵老师出差。赵老师告诉我他在参与GX–8项目研究时，曾在厂里连续跟产半年多，并领着我在车间看已生产很多年的产品。他告诉我，那时跟产很艰苦，夏天株洲很热，为了纳凉，就到简易水房中蹲着在自来水龙头下冲冲。有空时就去厂里图书馆和技术资料室看书、看资料。跟产完成时，厂里有的图书和资料几乎看了一遍。在我们离开株洲前，赵老师说他要去拜访一位曾在厂里工作、为课题加工过试样的工人老师傅。出身于“国营大厂”的我，能体会到很多内涵。那个年代在厂里，一般技术人员想与工人师傅打成一片很难，知识、思想方面的差异使得彼此在生活中的共同语言不多，只是工作中的简单交流而已。赵老师不仅打成一片了，而且被老师傅请到家里做客吃饭，得到最基层老百姓的接受，不容易！从另一个侧面也能感受到，赵老师跟产时在生产现场下了多大功夫。课题做到一定程度，工作思路和实施方案已构思完成，能不能实现既定目标，从某种意义上讲，是要看现场实施的人能不能认真、完整地落实方案，也就是落实到具体操作上。如果由于种种原因不落实，数据会出现偏差，到那时将会出现思想和行动上的反复：是思路错了还是没完全按思路干？我体会跟产的实际意义就在于此，将思路真正落实到研究和研制现场。

和赵老师一起做过事的人都有体会，他的“功夫”一般人比不了！大家都在干活，可一下手，能感觉到他的敏锐、智慧和速度；更难能可贵的是，领着一帮年轻人干了一天，大家都累了，可看一眼赵老师，还和开始时的精神状态一样。我没有直接问过他怎么会有这样好的精力，后来听说，赵老师40岁时还是当时航材院篮球队的队员哪！可光靠身体好就有这样的精力？有时和我们现任三室主任聊起赵老师，我在想，一个70多岁的老人，还能够主动寻找压力，去工作，按时上下班，无论从哪个方面想想，都觉得耐人寻味。

谈起赵老师，很少讲他的聪明和精干，这是因为这些智慧的因素在面对一个复杂的航空材料技术时，是要在巨大的精神力量支撑下才能够发挥作用并坚持到最后的。高智商的人很多，但能在艰苦的科研一线顶着压力踏踏实实卓有成效地工作40多年的人就很少了！

我有时在想，我们这些在科研岗位上爬坡前行的技术人员，缺乏几个“全过程”积累后的厚积薄发，但我们有较为全面和扎实的基础知识，更为重要的是，有国家高速发展给我们带来的前人无法想象的培养和施展各种能力的机遇，我们有机会在较短的时间内了解得更多，掌握得更多！做事情的方式可能和从前不同，但秉持艰苦奋斗、创新前行的精神则是做成航空材料技术的重要基础。能不能做出经得起时间检验的、对航空事业有益的事情来，要看我们自己在方方面面的努力了！

一个纯粹的人

——记我的老师赵振业院士

贺自强*

赵振业院士是我国著名航空结构材料专家，在超高强度钢应用基础理论、合金设计及应用科学技术领域做出了杰出贡献。

我于2006年进入北京航空材料研究院博士后科研流动站，在赵老师指导下从事超高强度不锈钢研究工作，出站后留在航材院并在赵老师指导下从事国防973课题研究工作。3年来，与赵老师朝夕相处，耳濡目染，受益匪浅。赵老师严谨、创新、敬业的科学精神给我留下深刻印象，时刻激励我在艰难曲折的科研道路上奋勇前进。

赵老师的严谨是大家公认的。

严谨求真，尊重实践，是赵老师对待科研工作的基本态度，也是他对学生的基本要求。他常常教导我们,要从试验现象中发现本质规律,要求实，更要求真。为了掌握第一手资料，他常常在百忙中亲临科研第一线，观察试验现象，解决疑难问题。

2007年4月的某一天，我去北京有色金属研究总院进行透射电子显微分析试验。有色金属研究总院距航材院有一个多小时的路程，原以为做完试验后向他汇报一下即可，没想到赵老师亲临试验现场，亲自观察并指导我进行组织分析。这次试验持续了两天时间，赵老师不辞辛苦，一直坚持到试验结束。赵老师的观察和指导，使我对试验结果有了深刻的理解。

还有一次，我去航材院二十五室进行力学性能试验，事先向赵老师说明了情况。下午2点，我一进实验室，就看到赵老师那熟悉

*作者系航材院高级工程师。

的身影。他认真观察试验过程，分析断口情况，并给我讲解硬度测试应注意的事项，以及缺口加工工艺对冲击韧性试验结果的影响。授业解惑，诲人不倦。

赵老师的严谨不仅体现在试验工作中，还体现在科研论证和学术汇报中。在国防973项目论证过程中,赵老师字斟句酌,反复修改,精益求精。粗略估计，论证报告修改完善达十多次，PPT演示文稿修改完善更多。在学术汇报过程中，赵老师的严谨、尖锐，我深有体会。记得做博士后不久，我去向他汇报试验结果。他听完后反问我为什么,我一时难以回答,被他“训”了一顿。此后,我吸取教训,每次汇报前都要进行充分准备。分析结果,查阅资料,既要知道其一,还要明白其二，甚至要了解其三，做到回答问题有理有据，无懈可击。

赵老师严谨求真，尊重实践的治学态度深深影响和教育了我，使我顺利完成了博士后科研工作，也使我养成了良好的科研习惯，提高了科研创新能力。

创新是科技发展的灵魂，是一个民族发展的不竭动力。

50年来，创新成了赵老师科研工作的主旋律。要干，就干别人没干过的；要做，就做世界一流的。正是凭借执着创新的信念和坚强不屈的意志,赵老师率领他的科研团队创造了一个又一个“第一”。

第一次提出了“原材料提纯、降硫”和“镦—拔开坯”等工艺路线，仿研成功世界先进水平的300M超高强度钢。

第一次提出“无应力集中”抗疲劳概念，并将其应用于300M钢起落架制造。

第一次建立起长寿命300M钢起落架抗疲劳应用技术体系，并使国产飞机起落架寿命达到6000飞行小时（5000飞行小时＋1000飞行小时（增载30%）），超过美国F-15、F-16战斗机起落架5000飞行小时的国际最高水平。

第一次研制成功中温低合金超高强度钢38Cr2Mo2VA，力学性能超过美国 H11 钢，且合金元素含量少，成本低廉。

第一次设计了一种超高强度不锈钢和一种超高强度不锈齿轮轴承钢的成分体系，力学性能优于美国材料。

……

目前，在国防973课题研究中，赵老师又第一次提出了表层超硬－韧化新概念和相应的热处理技术，可显著提高构件接触疲劳性能，为实现轴承、齿轮等传动构件长寿命、高可靠、结构减重奠定了基础。

在进行航空钢研制和应用科学技术研究的同时，赵老师不断开拓新的研究领域。在发现“高强度合金应力集中敏感”这一普遍规律的基础上，赵老师将“无应力集中”抗疲劳概念推广应用于高强度铝合金、钛合金和高温合金，通过创新抗疲劳应用技术和制造技术体系，将实现航空高强度合金构件长寿命、高可靠和结构减重。同时，针对我国关键基础机械构件寿命短、可靠性差的现状，赵老师高瞻远瞩，以强烈的责任心和使命感，提出了实现抗疲劳制造，实现制造大国向制造强国转变的重大建议。我相信，在赵老师的带领下，在广大科研工作者的不懈努力下，在各级领导的大力支持下，这一宏伟目标一定能实现！

“主一无适”，这是宋代理学家、教育家朱熹对敬业的诠释，意思是专心于一件事，不向别处分心。对科研工作者而言，敬业就是指全心全意投身于科学研究事业，不受其他干扰和诱惑。

敬业乐业、献身科研是赵老师战胜困难，勇攀高峰的精神源泉。赵老师挚爱科研工作，以极大的热情和饱满的精力致力于祖国航空科研事业的发展。虽然年过七旬，但他仍然精神矍铄，斗志昂扬。每天准时上下班，双休日、节假日加班是家常便饭。

现在我还清楚地记得第一次去赵老师办公室的情景。那天早晨上班后，我在办公室等到九点整才出发去他办公室（在我印象中，院士、专家大多事务繁忙，很难准点上班）。到办公室一看，赵老师已经伏案工作了。他客气地请我坐下，开始给我讲解航空材料研究的特点及课题组的研究现状，并对我提出了几点要求。我认真做了笔记，现在我还经常拿出来看看、想想。最后，赵老师轻声对我说："力学所的武晓雷八点就到了。"我一听，马上明白了一切。从此以后，我再也没有迟到过。

赵老师工作非常投入，常常忘记下班时间，忘记吃饭。不得已，师母只好在下班后打电话"提醒"他。当然，这样的"提醒"效果甚微，因为不完成手上的工作，赵老师是不会下班的。记得有一次在国防973项目论证过程中，我和赵老师从下午两点一直干到晚上九点半，连晚饭也顾不上吃。赵老师这种忘我工作的精神让我感动，也让我担忧，毕竟人是铁，饭是钢。

赵老师不但白天忙于工作，晚上在家也常常工作到深夜。记得有一次星期六晚上，我和爱人晚饭后在家属区散步，当走到赵老师家楼下时，我不经意地抬头看了一眼，发现赵老师的书房里灯光明亮，不用说，他又在工作了。看到这一切，我原本轻快的脚步变得沉重了。为了祖国的航空事业，为了课题组的发展，赵老师牺牲了休息和娱乐时间。仿佛一支燃烧的蜡烛，无私地献出自己的光和热。作为年轻一代，我们有什么理由不努力工作呢？每当我懈怠时，每当我困惑时，只要一想起赵老师书房那不眠的灯光，所有的一切就会烟消云散，我就会重新振作起来，信心百倍地投入到科研工作中。

严谨、创新、敬业，这六个字，是赵老师科研生涯的真实写照，也是激励我们不断前进的宝贵精神财富。

毛泽东同志曾称赞白求恩大夫是一个纯粹的人，因为他的高尚品质和精湛医术。在当今科技领域，赵老师不正是这样一个纯粹的人吗？

"路漫漫其修远兮，吾将上下而求索"。如今，赵老师带领他的科研团队再接再厉，勇往直前，为实现航空材料科学与技术的跨越发展，实现航空报国、强军富民的伟大宗旨而努力奋斗！

我眼中的赵振业院士

何鲁林*

至20世纪90年代初，赵振业院士一直在航材院科研一线从事研究工作，有许多的研究成果，但那时对他我只能说是知道或认识。由于我们院太大，我学的又是高分子材料，与他从事的结构钢专业打交道少，所以未曾接触过。

1992年初，由于工作需要我调到院科技处工作，担任非金属室的科研主管。赵院士与我相隔几个月被调到院里任副总师兼科技处处长，成为了我的上司。他在宣布他任职的会上表示他要适应机关的工作，学习、学习、再学习。赵院士凭着他在基层多年科研工作的经验和对科研管理的亲身感受，与科技系统的领导们一起加强了对科研课题的系统管理，在之前的管理模式基础上进行了改进，提出了实施“科研五定”，即：定任务、定进度、定经费、定人员、定奖惩。通过具体的操作，核准不同类型研究室的人均科研经费额度，下指标，作为考核的依据之一；科研人员根据其承担任务的重要程度和技术难度以及资历水平享受不同的岗位补贴，其任务的进展作为重要的考核维度；提出的按照科研“人年”的概念，对实施考核有具体意义。该项管理办法实施后取得了很好的效果，1996年，“科研课题‘五定’经济管理办法”项目获中国航空工业总公司管理成果二等奖。他还亲自编制了科研项目五个研究阶段的划分及具体要求，对科技人员进行培训，下发了小册子，对年轻的科技工作者起到了很好的教育作用。虽说我也干了多年的科研工作，但没有经历过那么完整的过程，看了这份小册子我也豁然开朗，为后来的大项目管理工作奠定了基础。

*作者系航材院复合材料及应用研究室党支部书记。

赵院士的工作作风十分严谨，抓管理一丝不苟，对下属的要求也很高，要求做到对主管的研究室技术领域熟悉、对主管的课题流程熟悉，了解课题进展到位，审查技术文件到位，科技处的技术主管们在他的指导下也都进步很快。我于1993年5月担任科技处副处长，与赵院士搭班子共同负责全院的科研运行管理，从而有机会向赵院士学到了更多。

赵院士十分重视对科研项目的策划，争取更多的集成项目，他说这样才能更好地获得自主知识产权，才能拿大成果，才能锻炼培养人才。当年复合材料还处在发展期，无论是预研还是型号任务，多由主机厂所牵头、我院参与，任务重，经费少，成果小，人才成长慢，他多次要求我们要做大做强，要把属于材料范畴的事揽过来，系统集成，做好自己的材料，开发后继产品，树立品牌，争取更多的经费和占有同行相当比例的地位。这些，我们经过这10多年的努力已经做到了，我院已经作为牵头单位负责了多项重点任务，不仅复合材料，透明材料、隐身材料、橡胶密封材料专业都有了长足的发展，国家重点型号和军民品上都用上了我们的产品，我们为航空事业的发展贡献了力量。赵院士还经常教导我们年轻的同志要多学习、多思考、多积累，要到第一线去了解情况，解决问题，为科研人员服务。那时我还年轻，又刚担任领导职务，许多课题负责人都是年过半百的老同志，我就经常深入课题组，学习了解情况，与课题组的同志们一道出差，协调技术问题，关注关键试验的进展，把课题负责人要上交的技术文件取回以省去他们到机关奔波，为他们起草好合同初稿或拟好报告格式，让他们简单操作，以便有更多的时间想科研的事。如我主管的直9机主桨叶等部件用预浸料国产化项目，我跟随这个项目的进展全程，编制了30余期课题进展简报，分发到有关机关、厂所，上级和合作单位的同志们对此表扬有加，我个人也在这个项目评奖时立了功。通过赵院士的言传身教，我对科研程序更加明确，思路也越加开阔，在科研管理工作中也取得了较好的成绩，获部级管理成果奖三项，立功五次，还多次被评为院的先进。

我眼中的赵院士是对航空事业充满热爱的学者，是对管理程序非常有研究的领导，是对年轻同志成长十分关心的导师，是一位十分和蔼可亲的长辈。在赵院士传记出版之际，祝赵院士身体健康，为航空事业贡献更大的力量！

尾声

作为新中国自己培养的航空材料研究人员，赵振业在半个世纪的航空材料研究生涯中，殚精竭虑，兢兢业业，呕心沥血，参与并主持了多项航空超高强度钢的研制及应用研究，为多项重大航空工程解决关键材料做出了突出贡献。

1962 ~ 1975 年，他随李文澜先生研究成功 12%Cr 型热强不锈钢 GX-8，获全国科学大会奖状和国家发明四等奖；1976 ~ 1985 年，他主持研究成功中温超高强度钢 38Cr2Mo2VA，获国家发明三等奖；1983 ~ 1995 年，他主持飞机起落架用新型超高强度钢 300M 研究，获国家科技进步一等奖；1992 ~ 1995 年，他提出并参与研究成功动态残余奥氏体测试装置，获国家发明四等奖；1994 ~ 1996 年研究超高强度钢强韧化机理，获航空基础科学基金一等奖；1996 ~ 2002 年，他与他的研究生们一道研究超高强度不锈钢，获国家发明专利；研究超高强度齿轮轴承钢，获国家发明专利。此外，他还获得 6 次部级科技成果奖，目前正主持《面向高强度抗疲劳航空构件表面完整性制造基础研究》等项目。赵振业是一个获得多项国家科技成果奖的研究者，一个连续研究并获奖的研究者，一个没有失败项目的研究者。在几十年的科研工作中，他的成功像一串晶亮的冰糖葫芦，果实一个连着一个。人们羡慕地称这位“常胜将军”运气特别好。

其实，没有播种，何来收获；没有辛劳，何来成功；没有磨难，何来荣耀；没有挫折，何来辉煌。赵振业取得的每一个成绩，都浸透了他奋斗的汗水，都离不开他辛勤的耕耘付出。在他的研究工作中，充分体现着广大科技人员“拼搏、创新、攀登、奉献”的崇高精神。在一个个举院、举部、跨部门、跨学科协同研究中，充分展现出他突出的才能和高超的驾驭艺术。

赵振业能成就一番事业，不断开拓航空超高强度钢的新领域，原动力来自他对科学研究的执着追求，来自于他永不停歇地探索着钢的自然王国；得益于长期以来养成的自信、勤学、多思，正确的思维和诚实的劳动，还有凡是讲认真的作风，踏实做学问的工作态度。正是赵振业身上的这种特质，以至于他的研究课题一个接着一个，有干不完的活，做不完的事。他这是在跑马拉松，虽然很辛苦，但对于事业心特别强的赵振业来说，苦中有乐，生活充实。

赵振业常说自己是时代的幸运者，人民助学金让他念完了大学，进入航材院圆了他的科研梦，祖国的发展、繁荣，领导和同伴们给予的机遇和协作成就了他研究航空超高强度钢的事业。他衷心祝愿这些好人一生平安。

赵振业一路走来，有诸多的成就与荣誉，也有许多的遗憾和感慨。有些事，我们完全可以办到办好，可一些人却偏偏要与国外合作，这常令赵振业费解。比如，PH13–8Mo 高强度不锈钢是总装备部“九五”预研项目。1997 年，中国与巴基斯坦合作项目“枭龙”飞机的研制选用该钢做主承力框。赵振业好友张凤岑曾告知，该框拟制成整体框，高向径长 1700 毫米左右，横向宽达 2000 毫米多点，并给了他一份轮廓尺寸图样。赵振业和包括抚顺钢厂、钢铁研究总院在内的课题组成员兴奋不已。因为，一是可以把世界上抗拉强度最高、应用广泛的一个高强度不锈钢引进国内，提升我国不锈钢的性能水平，通过研制提高冶金技术水平；二是做出国内尺寸最大的一个整体框，可以提高我国制造水平，为实现飞机主承力框整体化、提高飞机结构性能水平奠定基础。

该框左右侧是一对支撑机翼的主承力接头，结构和承载都很复杂。一部分框缘还浸在煤油中，服役环境也与普通框不同。赵振业满怀信心地开始为整体框制造准备方案。到陕西 148 厂讨论自由锻设备与技术方案；与四川德阳第二重型机械厂商讨万吨压力机模压方案；与重庆第二铝厂联系改进热处理加热炉方案，还与合作方中航技商讨研制经费问题。将这一应用目标报告总装备部预研局后，得到吴世平局长和材料专家组组长才鸿年同志的支持，吴局长多方努力，打破军民界线，破例增加预研经费。

随后，除在抚顺钢厂加紧工业大炉试制外，赵振业还到成都 611 所、132 厂介绍 PH13–8Mo 钢的由来、性能、工艺、使用特点、问题和研究现状，与设计人员商讨制作整体框的有关技术事宜。过了一段时间，可能设计人员感到整体框制作难度太大，遂将其一分为三，上方弧件改用铝合金，两侧件仍采用 PH13-8Mo 钢。即便如此，该件仍为大型构件。经过一段时间交流，在主管副总设计师黎官生同志的支持下，签订了研制与装机考核协议书，并上报总装备部预研局。

后来，在中国航空工业总公司科技局主持讨论落实锻件加工、安排制造、试验方案、进度时，设计所一位领导借口 PH13-8Mo 钢使用不成熟而推翻了原定协议。其实，真正的原因是他们打算购买法国锻件。殊不知，法国并没有多少 PH13-8Mo 钢的生产、使用经验。因此，左右两个对称件装机时用国产件、法国件各装一个的方案也未能达成共识。据说，后来不只到法国去考察订购锻件，还到俄罗斯考察订购锻件。他们哪里知道，俄罗斯更不靠谱，俄罗斯的同类不锈钢都是用电渣重熔工艺，远不如 VIM + VAR 双真空熔炼纯洁度高、质量好。既不用 PH13-8Mo 钢，也极少用双真空工艺，自不必说比中国成熟了。

“枭龙”不采用 PH13-8Mo 不锈钢，总装备部预研局当然不满意。尽管课题组又与西安 603 所商讨用以制造“飞豹”飞机一个框件，尺寸也很大，但因总装备部预研局不同意，未能实行。这一折腾当然付出了不小代价。总装备部预研局收回了增加的经费，还为航空部管理不善将该项目评为 B 级。不仅设计所负责的预研项目，而且 621 所申报的“十五”预研项目“超高强度不锈齿轮轴承钢研究”都受到株连。

赵振业一直为没有做好 PH13-8Mo 钢这个项目感到有愧于总装备部预研局。但超高强度不锈齿轮轴承钢确因无立项支持而进展缓慢。虽然后来从国防科工委国防 863 项目中拨出经费支持冶金部北京钢研总院负责仿制美国 CSS-42L 钢，但仿制出的材料不仅性能较低，而且至今未能达到预期目标，使高性能航空主轴承和直升机、发动机传动齿轮都无材可用。转眼 10 年过去了，去年新机研制再次提出对 PH13-8Mo 钢的预研攻关。可时间呢，损失呢？

无独有偶，在我国支线客机 ARJ21 研制中，又把起落架包给德国人制造，用的也是 300M 钢，客机构件疲劳载荷下寿命也不过 60000 个起落。据说还是一包几十年。航空业内人员都知道，我国早在 20 世纪 90 年代初就已研制成功 300M 钢长寿命起落架，赶上并超过了美国 F-15、F-16 飞机 300M 钢起落架 5000 飞行小时的世界最高规定寿命，军机载荷下着陆次数达到 54000 个起落不失效。面对国内存在的一些过分相信国外技术的现状，赵振业不能不感到遗憾!

长期以来，我国航空材料研究都是靠飞机型号牵引，设计需要什么材料就研究什么材料，型号一旦下马，材料研究就不得不中辍，造成人力物力的极大浪费，令赵振业痛心又无奈。赵振业认为，材料是基础，研究应有前瞻性，应根据装备的发展趋势做好技术储备。如今不少领导和科研人员思想浮躁，急功近利，不按科学程序办事，令他十分担忧。

赵振业认为，科研院所的中心工作是科学研究，是多出成果、多出人才。一切工作都要围绕这个中心、服务这个中心。科研人员是这个中心的主力，是科研任务的执行者和具体实践者。各项政策、措施都应向科研一线倾斜，应善待科研人员，充分发挥他们的聪明才智，挖掘他们的潜能。科研人员要耐得住寂寞，耐得住清贫，力戒浮躁，一定要尊重科学、遵守科学规律，认认真真、踏踏实实做学问、搞科研。

航空工业关系到国家安全和国民经济的大局，与国家利益息息相关，因而各国无一例外地将其列为国家的战略性产业。

未来的航空工业，依然是青春焕发、魅力无限的产业，航空工业将继续是大国博弈的高端平台,是大国称雄世界、快速发展的利器。专家们普遍认为，中国在经历了冰箱、彩电和汽车时代之后，航空产业必将成为中国经济的下一个起跑点。

航空材料代表了一个国家结构材料及技术的最高水平。在现代材料科学与技术的发展历程中，航空材料一直扮演着先导和基础作用，合金材料的进步不仅推动飞行器本身的发展，而且带动了地面交通工具及空间飞行器的进步。

航空材料研究大有可为，也大有作为。

老骥伏枥志在千里，不待扬鞭自奋蹄。年逾古稀的赵振业院士仍在航空材料研究的征途上奋力攀登，不断前行。眼前的他依然精神矍铄，精力充沛，丝毫看不出倦怠……

有志者事竟成。祝愿赵振业院士在新的科学研究中取得更大的成功!

附录

材料科学与工程中的几个基本规律

赵振业

材料科学与工程形成为一个学科已有50年的历史了。半个世纪来，材料研究取得了预想不到的进步，材料已成为制约多种科学发展的重要因素。当前,材料研究和发展中又出现了新问题和新现象,需要建立新的概念，进一步推进这一发展势头。这些新的概念就是我要说的材料科学与工程中的三个基本规律。所谓三个基本规律就是材料科学与工程“四要素”，它导致可靠材料；材料科学与工程两个“全过程”，它形成可用材料；材料体系，它形成生产力。

在论述材料科学与工程三个基本规律之前，先介绍有关材料科学与工程的几个基本概念。

首先要解释什么是材料科学与工程，它是怎样形成的？顾名思义，材料科学与工程是材料科学与工程技术的融合和跨学科集成，它大体形成于20世纪50 ~ 60年代，是由美国发起的。之所以要形成材料科学与工程这一学科，是因为当时材料科学理论与工程技术乃至材料产业的脱节，从事材料科学理论研究的人自命清高，严重制约了材料的发展。经过20多年的调研、试验、研究，推动了材料科学与工程技术的结合，最终形成了材料科学与工程这一学科。

我要说的第一个基本概念是：材料科学与工程属于应用科学范畴。大家知道,材料是人类文明史的重要标志。比如说,材料从石材、木材发展到铁材乃至今天的复合材料，材料是一个活跃而无止境的领域，材料的发展和使用推动着人类文明的进程，也推动着现代科学的不断发展。所谓应用科学是相对于理论科学而言的，它是基础科学与工程学的结合。因此它的目标在于形成有价值的形式。

第二个基本概念是：先进材料属于学科前沿。先进材料已从经验性和技术性研究转化到真正科学意义的研究，其试验和理论都达到了很高水平，以致先进材料具有“极限”性能特征，就是说达到了应用基础理论预测的性能水平。

第三个基本概念是：材料科学与工程推动了材料发展。材料科学与工程学科的形成是材料史上的一件大事，它结束了材料发展中的混沌状态，弥合了理论科学与技术产业的脱节，填补了理论科学与工程技术间的鸿沟，从而推动了材料的大发展。人们随时可以列出具有划时代的材料研究成果，比如当今的半导体材料、碳纤维增强复合材料、巨磁变材料、纳米材料、超导材料等。

第四个基本概念是：先进材料研究的目的全在于应用。先进材料研究常具有强烈的应用背景，明确的性能或功能指标，适宜于使用模式，因此是一个复杂的技术体系。

第五个基本概念是：我国先进材料的后进状态亟待改变。经过几十年的研究发展，我国的先进材料取得了长足的进步，不仅支持我国成为一个制造大国，而且支持了像航空、航天、航海、精密机械等高科技领域的发展。当前，先进材料呈现的薄弱环节是创新能力不足，工程化生产保障能力低下，构件、元器件性能水平低，制约了高端产品的制造和使用。幸运的是，先进材料遇到了前所未有的发展机遇，这些机遇来自高科技发展的需求，“极限”性能的需求，以及国民经济快速发展的需求。当前，先进材料发展面临着严峻的挑战，包括自主创新材料，材料产业化及其可持续发展。迎接这些挑战，材料工作者肩负着重要使命，就是用前所未有的材料支持前所未有的航空器、航天器、航海器及其他各种高科技装备和产品。在履行这一职责所采用的各种途径和手段中，我认为最重要的是尊重科学，遵守科学规律。

下面我就介绍关于材料科学与工程的三个基本规律。我建议想了解这些规律的同行和朋友们，结合自己承担的材料研究项目来了解，结合自己以往的经历和经验来了解，结合自己现有的认识和知识来了解，体会和辨别三个基本规律是不是真知，有没有指导作用，能不能推动材料发展。

第一个规律：材料科学与工程“四要素”。什么是“四要素”，“四要素”之间是个什么关系？所谓“四要素”，就是成分、组成与结构；合成与加工；性质；使用行为。这四个要素同等重要，没有哪一个要素比另外的要素更重要，四个要素是一个整体。讲“四要素”当然是因为过去不是“四要素”，而是三要素，甚至是二要素。就是说，在我们的材料研究中，即使是现在，只做了三要素，甚至只做了二要素。据我了解，多数是用二要素，就是成分与结构和性能。一个合金的成分设计出来了，通过一定处理得到设计的组织，就测它的性能，性能假如说有偏差或者说不适当，再来做成分调整，反复地这样做。当然也有三要素的，也有四要素的，但是应该说为数不多。由于三要素或者两个要素，给材料带来了很多的问题和弊病，所以才发展到了材料的“四要素”。美国在发展“四要素”的时候，强调了其中两个要素，一个要素就是“合成与加工”，另外一个要素就是“使用行为”，可见我们现在的材料研究与美国当时的状况大体是一样的。所以今天谈材料科学与工程“四要素”，对我国材料的发展至关重要，具有现实意义。“四要素”的基本内涵又是什么？第一个要素“成分、组成与结构”中，“成分”是对金属材料而言，“组成”是对非金属材料而言。第一个要素的主要内涵包括：从电子、原子到宏观尺度裁剪材料；结构的无限变化演绎出材料的复杂性能；成分与结构的表征、分析和建模技术等。举一个例子说，钢是铁与碳的合金，体心立方铁中因添了碳原子就是碳钢；碳钢中添加合金元素后就是合金钢，合金钢中铬元素添加重量达到 12% 就成为不锈钢，这就是成分设计的概念。一个钢还要做结构设计，基体结构是马氏体、贝氏体还是铁素体 + 珠光体混合。用马氏体结构可以获得高强度、超高强度，用贝氏体只可获得高强度或中强度，而铁素体 + 珠光体混合结构只能获得中强度或低强度。采用复合组织结构设计还可以获得不同性质的材料或复合材料。从过去的“试凑法”“优选法”到现在的“计算合金”都属于第一要素的内容。第二个要素是“合成与加工”。“合成”是对非金属材料而言，加工多指金属材料。金属材料中常称“制备与加工”。“合成与加工”的基本内涵包括：所有尺度上，原子、分子和分子团对结构的控制；新的结构转化为材料和结构的一些演化过程；宏观操作所引发的微观结构的变化和意外的现象等。制备与加工对材料的控制作用是极为显著的，比方说高纯熔炼。高纯熔炼对于金属材料是非常重要的，当然纯度对于非金属材料也是非常重要的。提高材料的纯洁度是发展材料的一个非常重要的措施，对于高强度、超高强度的铝合金、钛合金、超高强度钢、高温合金，纯洁度几乎成了非常非常重要的一个韧化机制，没有高纯洁度，要做到强度和韧性的匹配是非常非常困难的。前边提到“合成与加工”引起结构的变化可能会产生意外的现象，什么样的意外现象？这里举锻轧给钢带来的“意外”现象。将钢加热到动态再结晶温度（T_{RC}）以上，锻轧变形后冷下来成材，这就是普通钢锻轧工艺方法。在钢里边添加 10^{-1} 到 10^{-3} 微量难熔元素，通过在 T_{RC} 以上高温下控制轧制，控制晶粒度，然后冷下来成材，这就变成了所谓的微合金钢。微合金是 20 世纪 70 年代到 80 年代世界上非常风行的一种钢的改造，一直到现在，汽车上大量用的钢都是这类钢。把钢加热到 T_{RC} 以上，冷至 A_1 点附近做控制轧制，获得超细晶粒，使钢强度翻番，这就是所说的超级钢。超级钢是从日本和韩国首先发起的，我们国家现在做的这种钢，已经在汽车上试用。20 世纪 70 年代利用变形诱发马氏体相变使钢从高强度发展到超高强度，它是把钢在 A_1 以下做中温控制轧制，获得没有完全再结晶的组织，把钢的强度大幅度提高上去。这就是有名的 TRIP 钢。采用高温控轧，A_1 点附近控轧，中温控制冷却下来相变，甚至冰冷处理，然后回火，冷轧，即所谓的特种热机械处理（STMT），把钢的抗拉强度提高到了 4200 兆帕以上，是现在世界上强度最高的钢。可以看出，用锻轧的方法产生的“意外”现象，对钢的发展具有突出重要的作用。可是，材料研究中却没有给予足够的重视。

第三个要素是性质。这个要素的主要技术内涵包括材料对外界刺激的整体响应、各种尺度上的性能的测试和分析、导向所需综合性能的设计等。材料性质至少包括以下几类：

第一类叫做“基本性能”。基本性能是指各种材料有别于其他材料的特定性能，包括力学性能、物理性能、化学性能等。对一个材料来讲，只研究基本性能是远远不够的，还必须做“全面性能”的评价。第二类“全面性能”包括了高低温性能，动态性能，还有其他的特殊性能,等等。做这些干什么？一个材料具备了特定的“基本性能”，并不能够证明这个材料可以做构件，它可能在其他方面存在很大的问题，甚至是致命的。如果全面性能评价下来这个材料各种性能都是相匹配的，才能说这个材料的基本性能是好用的。第三类是“工艺性能”。“工艺性能”是评价材料能不能变成产品的能力。如果需要做成复杂形状的构件，“工艺性能”就起了决定性的作用。比方说我们研究铸造合金，如果这个合金的流动性不好，就很难做出铸件，这个材料就不是一个好的材料。我们可以设身处地看一下，已经在用的材料，有多少材料只做了基本性能，有几个材料是做了全面性能的，有哪几个材料是基本性能、全面性能和工艺性能都做了的，翻开我们的各种材料手册看看，屈指可数。我最近看到有个材料只做了几个基本性能，疲劳性能都没有做什么研究，就用作飞机构件了。结果在试验过程中恰恰就都出现了疲劳裂纹,怎么办呢?

第四个要素是“使用行为”。主要内涵包括材料固有性能与构件功能相结合，使用中材料固有性质的变化、预测和改善；环境中固有性能变化和预测；与构件基本性质相关联的一些模型等。也就是说在研究材料的时候，无论如何要关注所研究的材料是做什么用的，仅仅是从材料研究、从学科上的研究是不够的。这就是基本概念中所说的，先进材料常具有非常强烈的应用对象和目标，所以无论如何要特别关注材料的使用行为，考察它的服役性能：腐蚀性能怎么样，疲劳行为怎么样，失效行为会怎么样，还有它在复合环境里的行为又会怎么样。也就是说要适应未来构件的使用环境,达到使用的要求。

"合成与加工"或"制备与加工"这个要素常被忽视，甚至被认为是材料科学与工程中的非主流技术，给材料研究发展带来严重制约。因此,"四要素"重点强调的是这一要素。材料的"使用行为"是材料好坏的判据，也是材料研究发展的终极目的。在材料研究中也常被忽视，因此"四要素"规律中又特别强调了这一要素。"四要素"反映在材料的研制过程里，它整体化了材料科学与工程。"四要素"是不可分割的整体,四个要素又要各自高水平地发展。"四要素"确定了材料是跨学科的技术集成，而且是各学科里材料科学家、工程师以及技术工人，各类技术的综合。只有把各个学科、各类技术都做到一体化，才能变成一个可靠的材料。"四要素"确定了材料科学家的责任,就是一定要按照"四要素"的基本规律去研究发展材料,不管是研究新材料，还是改进、改型现有的材料。

第二个规律：材料科学与工程两个"全过程"。材料研究是一个探索真知的过程。所以首先讲科学认识论和"全过程"的概念。科学认识论告诉我们，在人类认识客观世界中，要通过实践、认识、再实践、再认识……认识单元反复循环的过程，才能够到达相对的真理。认识世界的目的，在于能动地改造世界，这是认识论的基本概念。材料研究是寻求可用的材料，要通过材料—理论认识单元的反复循环过程，才能获得真知。这一认识单元 是一个"全过程"。这个"全过程"的要素包括应用基础理论、应用技术、工程化生产和失效反馈，通过这个"全过程"的反复循环获得真知，获得一个好材料。材料科学和工程的这一"全过程"由两个"全过程"构成：一个是材料研制的全过程，一个是材料应用研究的全过程。材料研制要经历自己的"全过程"及其反复循环。它的全过程包括应用基础理论、材料技术、工程化生产和失效反馈；材料应用研究也要经历自己的"全过程"及其反复循环，包括应用基础理论、应用技术、工程化生产和失效反馈。这两个“全过程”是一个不可分割的整体。这就是说材料科学与工程像鸟一样具有两翼，像人一样有两只胳膊、两条腿，是不可分割的整体。人为地把材料研制和材料应用研究分割开来，你做材料的研究，他做材料的应用研究，应该说是不科学的。事实上在研究中确实遇到了很多问题。两个“全过程”形式上是一样的，它们的内涵却是完全不同的。什么是“应用基础理论”？前面说过，材料科学与工程属于应用科学范畴。通常，科学技术发展的过程是从基础理论到应用技术。在基础理论和应用技术之间还有一个环节就是应用基础理论。应用基础理论直接导致技术创新。基础理论可追溯到物理、化学等基础科学，它们和技术间还有很大的距离。比方说，研究一个高强度合金，首先要掌握它的强韧性机理，研究一个高温合金，首先要知道它的蠕变机理，这个“机理”就是应用基础理论。掌握了应用基础理论，才能做出高性能的材料，谁占有了应用基础理论，谁就能创新出高性能的材料。相反地，如果说没有掌握应用基础理论，即使你真的做出来一个材料，那也只是撞大运。所以说应用基础理论对于创新材料是至关重要的。然而恰恰就是这个应用基础理论，是当前非常薄弱的一个环节，甚至对这方面研究的资助也会遇到困难，管理人员不太认识它的重要性，这就导致了材料创新能力不足。“应用基础理论”的内涵是什么？对于材料研制来说，不同类型的合金，有不同的应用基础理论内涵。对高强度合金来说，内涵是强韧化机理，当然不只这一个，对高温合金来说是蠕变机理，对复合材料来说是界面理论，等等。材料应用研究的“应用基础理论”的内涵同样因不同合金、不同应用目标而不同。比方说高强度合金，必须知道它的疲劳机理，应力腐蚀机理，当然不止这两个；对高温合金，必须知道蠕变－疲劳机理、疲劳－蠕变机理，等等。材料研制的“材料技术”要素，材料应用研究的“应用技术”要素是主体技术。它们的基本内涵就是规律一中的“四要素”，就是说，按照“四要素”的内容去做材料研制，做材料应用研究。“工程化生产”要素是形成有价值的形式环节。材料研制要成材，材料应用研究要成件。“工程化生产”使“材料技术”、“材料应用技术”变成了有价值的形式。“有价值形式”有一定要求、有一定指标。我在这里就点了几条，当然这不是全部。这些指标就是：性能稳定，质量可靠，批次一致，数据齐全，价格低廉，否则就是没有价值的。显然，达到这些指标的要求，是一个生产过程的行为或者是企业的行为。所以我常说，在高等学校里，在研究院所里，出不来工程化生产技术。但是现在恰恰高等学校在研究工程化生产技术，研究院所也在研究工程化生产技术。试看，按照上述五条来检查，他们不可能达到要求，因为那里根本就没有这个过程。当然这与我们的现状，企业研究机构不健全等有关，有病乱投医。我理解中央提出的“企业是技术创新的主体”，就是因为只有“工程化生产”，才创造有价值的形式。

“失效反馈”要素的基本内涵对材料研制、材料应用研究是根本不同的。“失效反馈”要做什么呢？失效反馈是对赖以设计材料技术、材料应用技术的“应用基础理论”和“工程化生产”技术的验证。因为失效分析会得出服役环境下的失效机理。如果失效机理与所用的“应用基础理论”是一致的，应该说材料研制或材料应用研究的“全过程”走完了，获得了真知。如果是不一致的，就需要修正并重新去探索“应用基础理论”，再走一次循环单元或“全过程”，直至两者相一致。实践是检验真理的唯一标准。材料好使不好使，可用不可用，最终要靠服役来判别。因此，“失效反馈”应该说是材料研究“全过程”非常重要的一个环节。但是，这个环节却是非常薄弱的一个环节。在高等学校里没有几所学校设有这种专业，教给学生们的关于材料的基础知识中很少包括失效内容，知识是不全的。在研究机构里“失效反馈”还没有纳入到材料研究环节中，“全过程”没有走完。所以，应该特别强调“失效反馈”这个环节。

下面讲两个“全过程”的关系。我说，材料研制“全过程”赋予材料先天性能，也就是它的固有性能。因为材料是遵循着一定的应用基础理论研究得来的，没有哪个理论是万能的，所以没有哪一个材料什么性能它都具备，什么性能都是好的。材料应用研究“全过程”赋予材料后天的性能，或者说是使用性能。如果材料的先天性能不能满足构件服役需求的话，必须用后天性能来补充。所以说，材料的先天性能加上材料的后天性能才是服役性能。高性能的构件一定来自于这两个“全过程”。这里举例说明先天性能和后天性能之间的关系。不采用抗疲劳应用研究的技术时，超高强度钢 300M 的疲劳强度是 680 兆帕，采用了应用技术之后，疲劳强度达到 930 兆帕，提高了 36%；高强度铝合金 7475，采用应用技术会把它的微振磨损疲劳寿命提高 100 倍；钛合金 Ti6Al4V 抗疲劳磨削加工后疲劳强度从 100 兆帕提高到 440 兆帕；抗疲劳应用技术将高温合金 GH4169 在 650℃下的疲劳强度从 500 兆帕提高到 700 兆帕，升高了 40%。还有一组数据表明，从高强度的 30CrMnSi 钢发展到超高强度的 30CrMnSiNi2A 钢，再到 300M 钢，抗拉强度从 1073 兆帕提高到 1950 兆帕，提高了 80%，疲劳强度从 500 兆帕升到 700 兆帕，提高了 40%，就是说我们花了几十年的时间来研究这个系列的材料，疲劳强度提高了 40%。应用研究的“全过程”，却把 300M 钢的疲劳强度提高了 36%。把它们放到一块比较看一看,我们为什么不完成“应用研究”而要花 30 多年时间研究 3 个钢种去换取同一个疲劳强度的提高幅度呢？其他合金也有同样的现象。从这里面可以看到，材料应用研究这个“全过程”在材料发展中是非常重要的。再举一个 7475 铝合金的裂纹扩展速率数据：在 434600 循环次数下，不采用抗疲劳应用技术，裂纹扩展速率是 3×10^{-4} 毫米 / 周次，采用了抗疲劳应用技术后，裂纹扩展速率降至 2×10^{-7} 毫米 / 周次，裂纹扩展速率改善了 1500 倍！与 7075 铝合金相比，2524 铝合金的裂纹扩展速率改善了一个数量级，而抗拉强度却降低了约 60%。我讲这个数据除了说明应用技术对改善疲劳裂纹扩展性能的突出作用外，还想说现在机械构件设计都在采用损伤容限设计规范，为此很多人都热衷于研究所谓的损伤容限合金。实际上，损伤容限合金、非损伤容限合金只是一种叫法，铝合金 2524，超高强度钢 AF1410，资料上称为损伤容限合金。这些合金是怎么来的呢？它们是牺牲了强度换疲劳裂纹扩展性能。因为在现有的合金强韧化机理中，除了细化晶粒外，很少有机制可以做到同时提高强度和韧性的。也就是说强度要高上去，裂纹扩展速率就要增上去，反过来也是一样的。现在研究的损伤容限合金就是靠牺牲强度来进行的。但数据表明，做了材料应用研究，裂纹扩展速率会得到更大的降低。所以，我们在研究发展合金的时候，是否应当考虑究竟怎么发展？材料牌号发展和材料应用研究，究竟怎么来安排？另外，高强度铝合金、钛合金、超高强度钢和高温合金的固有特性是抗拉强度高、疲劳强度高。但这些高强度合金的一个突出弱点就是疲劳强度应力集中的敏感。敏感到什么程度？如果理论应力集中系数（K_t）是 3 的话，疲劳强度会降低约 50%；是 5 的话，要降低约 80%。因此，像涡轮盘构件的设计，材料的疲劳强度顶多只能用到 50%；高强度材料用来设计螺栓时，疲劳强度只能用到 20%。采用抗疲劳应用技术后，不管应力集中系数是多少，疲劳强度都会回复到接近于材料的固有疲劳强度。也就是说，只有完成了两个“全过程”研究，高强度合金才能够得到充分的应用。

应该指出，在这两个“全过程”中，当前主要强调的是材料应用研究“全过程”。一是因为材料应用研究确实给材料性能带来非常大的改进；另外一个原因就是当前应用研究还是个非常薄弱的环节。大家可以看看，在研的材料也好，已经用上型号、产品上的材料也好，哪些是做过应用研究的？再翻开材料手册看看，有多少个材料应用的数据？非常少。我这里再举一个更突出的例子，比如齿轮钢。齿轮钢用作齿轮的时候，用的不是材料本身，而要把材料表层硬化，用的主要是硬化层。所以，不做应用研究，齿轮钢就不能做齿轮。在研究涡轮叶片合金的时候，蠕变性能和抗氧化性能等有关抗高温性能都是主要技术指标，合金的这些性能也不会有什么问题。问题是叶片合金做成的叶片，它的服役状态用的不单纯是研究的材料指标，叶片上是蠕变机理，再往榫头方向，可能会变成蠕变－疲劳机理，在近榫头位置会变成疲劳－蠕变机理。完全不同的机理，需要完全不同的性能。所以在研究合金的时候，必须考虑到将来要做的叶片的情况，必须做应用研究。涡轮盘与叶片一样，只是在温度上可能不一样，在机理上不完全一样。树脂基复合材料也是一样的，要做应用研究。树脂基复合材料从非承力件用到次承力件后，它的疲劳行为如何？服役行为又是如何？都很值得去研究。直升机上用了碳化硅颗粒增强铝基复合材料，更应当做应用研究。对于均质材料，构件加工后内部夹杂物有可能到表面来并形成疲劳源，所以一定要提高材料纯度，研究提高疲劳强度的应用技术。对于颗粒增强铝基复合材料来讲，颗粒是一定会到表面上的，而且还有较多的数量，疲劳强度低，用作动载构件必须做应用研究，找出抑制疲劳强度降低的方法，难度更大。否则既不能发挥其比重小、结构减重目的，而且给服役留下许多隐患。大家设身处地想一想，橡胶的材料用作弹性轴承，透明材料用作风挡、座舱盖，等等，不完成应用研究全过程行吗？飞机、发动机、各种机械的高强度主承力构件寿命短、可靠性差，结构重，与国外差距大，究其原因，我认为与应用研究不充分关系很大。

20 世纪 90 年代以前，我国战斗机起落架一直处于寿命短、可靠性差状态，严重制约了设计发展，威胁到使用安全。起落架采用 GC–4 超高强度钢，钢的抗拉强度达到 1800 兆帕以上，疲劳强度达到 1065 兆帕。但是，当应力集中系数等于 3 时，疲劳强度降至 425 兆帕，降低了约 60%，疲劳及应力集中敏感。由于没有做应用研究，从 1965 年直到 1990 年间，起落架从未达到过设计寿命要求，而且服役中不足 100 飞行小时就有服役故障出现，可靠性很差。采用抗疲劳技术后，起落架疲劳寿命达到 3000 飞行小时不失效。300M 钢的抗拉强度达到1900兆帕，疲劳强度达到1165兆帕，应力集中系数等于3时，疲劳强度降至560兆帕，降低约50%，同样也是疲劳强度应力集中敏感。但是，由于做了应用研究，创新了抗疲劳应用技术，建立了抗疲劳技术体系，结果，起落架疲劳寿命一跃达到6000飞行小时不失效，超过美国F-15、F-16飞机300M钢起落架5000飞行小时世界最高规定寿命，自1991年服役至今无一例故障，可靠性很高。不难得出，材料应用研究改善高强度合金疲劳性能的成果多么显著，材料应用研究是多么重要。

我认为，当今讨论和强调材料应用研究的原因，还在于材料科学与工程遇到了与20世纪50年代相类似的问题，当时是材料科学与工程技术脱节，如今是材料研制与材料应用研究脱节，都制约材料的研究发展。材料科学与工程的形成推进了材料发展，突出两个"全过程"研究也必将推进材料的研究发展。材料科学与工程技术是材料技术的两翼，材料研制和材料应用研究也是材料的两翼，不可偏废。

第三个规律：材料体系。材料体系是生产力。不建立体系就很难应用到生产中去。材料体系由材料牌号体系和支撑基础技术体系构成。材料牌号体系，是按照性能水平排列出来的体系。支撑基础技术体系是保障材料生产和使用的相应技术体系。材料的牌号体系很简单，只是一些牌号；支持它的基础技术体系包括材料技术体系、材料应用技术体系，包括生产技术体系、评价和试验技术体系，等等。材料体系和它的支撑基础技术体系之间的关系，如同在山上建了一个宝塔，宝塔比作材料牌号体系，大山就是支撑基础技术体系，两者大小比例差距是非常大的，也就是说材料牌号体系需要一个庞大的基础技术体系来支持它。

材料体系是材料发展的前提和保证。它的作用在于简化在役材料，保障用好材料，规范材料发展，指导材料创新。由于现在还没有建立起来材料体系，我们体验到用好材料、创新材料都遇到了很大的问题。材料体系应该具备先进性、实用性、科学性，才能够实现上面提到的那些功能。所以，建立材料体系是非常重要的。材料体系是一个系统工程，建立材料体系是一件十分困难的工作。大家可以看看各种材料手册，数一数一共有多少个材料牌号。国防科工委编写的关于材料体系调研结果的几本书中，据不完全统计，仅军工行业用的结构材料牌号就高达5000多个。大家可以想一想，如果这5000多个材料牌号，把它们的支撑基础技术体系都建立起来，国防科工委也未必支持得起。但是，未建立支撑基础技术体系，在生产使用中将存在大量问题。不仅如此，随着引进、仿制国外产品带来的新材料牌号还在不断增加，仿制一个飞机型号就要增加几百个材料牌号。各个行业、企业各自从不同国家引进的仿制产品，材料标准和技术状态各不相同。如此下去，我国的材料成了什么样子？怎么可能生产好，用好？我斗胆地说，如果不把2800多航空材料牌号减到几百个的话，航空材料是没有任何出路的。如果不把几千个材料牌号减少80%，从而建立中国的材料体系，中国的材料也是没有出路的。大家看一看各种材料手册，那里边有多少个材料是按照“四要素”研究的，有多少个材料是走完了两个“全过程”的？我们要把这么多材料牌号按规律一、规律二补充研究，是没有任何可能的。但缺少支撑基础技术体系，如何用作构件，用到产品上去，一大堆问题谁来解决？我国的产品、装备总是要发展的，总不能永远停留在引进、仿制上，总是要走上高端，走上竞争之路，这就需创新材料。几千个牌号在争人力、物力、财力和构件，怎么能创新呢？现在的“八国联军”材料牌号状况，几乎已经把我国材料带进死胡同里去了。

如何发展材料也要建立一个技术体系的概念。前面强调说了研究材料的目的全在于应用，材料要用作构件。高性能构件是设计—材料—制造三位一体技术集成。材料是基础，没有材料，什么构件也做不出来。一代材料，一代构件(装备、产品)。在三位一体技术中，没有哪个技术比其他技术更重要。三类技术分属不同的学科，在打造高性能构件中，需要三类学科技术都高水平发展，而且协调发展，然后才能在构件上集成。三类学科技术都有一个较长的研究周期，都有自己的形成规律。因此，在构件集成之前都应该形成以自身为主体，其他两类技术协调发展的技术体系。如材料技术体系为主体，制造、设计协调发展的三位一体技术体系，这样才能最终制造高性能构件。在过去几十年中，由于技术落后，伴随引进、仿制装备、产品而引进、仿制国外的材料牌号，甚至由设计提出材料牌号去研制已是历史的概念和做法。材料技术应该主动支持构件、产品、装备。材料业者有责任创新材料支持构件、产品、装备，以前所未有的材料支持前所未有的构件、产品和装备，把我国推上国际先进水平和领先的行列。

伴随科学技术的快速发展，材料科学与工程的新责任应当是扩展材料及材料应用科学技术发展，认识新兴科学前沿，开拓新的科学研究模式，不断创新材料，保持可持续发展，肩负起把我国和世界从向地球无限度地索取和污染，变为人工材料和环保循环的责任，履行这些新责任中包括不断揭示新规律，并遵守新规律。

（本文根据赵振业院士讲课录音整理）

发展抗疲劳制造，提升核心竞争能力

赵振业

20世纪80年代我和同事们一起研究300M钢用作飞机起落架的应用研究，提出了“无应力集中”抗疲劳概念，创新了10多种新工艺，建立了抗疲劳应用技术体系，把300M钢起落架疲劳寿命提升到了6000飞行小时不失效，1991年服役使用至今无一故障。由于这一应用技术用来制造起落架效果好，就变成了抗疲劳制造技术。2003年在中国科协举办的制造技术年会上，我第一次提出抗疲劳制造的称谓及有关概念、内容等。后来，一直用“抗疲劳制造”这一词作学术报告或写各种文章。美国空军材料实验室（AFML）曾于1970年发表一篇机械加工构件表面完整性制造指南（AFML-TR-70-11，Surface Integrity of Machined Structural Components），其内容包括有车、铣、磨切削加工和电化学铣切加工工艺的疲劳性能数据，称为表面完整性制造。我提出的抗疲劳制造较之范围更广泛，包括表层硬化、切削加工和表层组织再造改性等。之所以称为抗疲劳制造，是因为它更适应以疲劳为主要失效模式的高强度构件，或称关键基础构件，如转动件：发动机的叶片、轮盘、轴；传动构件：齿轮、主轴承；主承力构件：飞机起落架、主承力接头、动载连接螺栓等。也因为有些技术，比如表层硬化，表层组织再造改性，它们加工的不是服役表面，与切削加工的表面完整性不同，但它却能大幅度提高构件疲劳强度。当然也因为“抗疲劳制造”一词更通俗、更响亮，更具有中国特色。

1996年实现飞机前起落架长寿命后，超高强度钢AF1410也用相同应用技术，实现了飞机平尾大轴长寿命。接着我又致力于抗疲劳制造的应用基础理论和方法研究，探讨超高强度钢以外的高强度合金，如铝合金、钛合金、涡轮盘用高温合金等的疲劳特性，发现它们和超高强度钢十分相似，它们具有的共同特点就是疲劳强度应力集中敏感，而且对构件的服役寿命和可靠性已经造成许多问题，亟待解决。

2008年，金融风暴席卷全世界。我国当然也不例外，经常在电视上看到我国出口机械产品大幅度减少，心中很不是滋味。不由地产生一种想法，既然我国的中、低端产品卖不出去，还不如塌下心来做高端技术研究，待金融风暴一过，我国已发展了高端制造技术，能制造高端产品，正好可以与国外竞争。于是就起草了一份《发展抗疲劳制造，提升机械制造核心竞争能力》的构想，想向国家提出建议。随即和师昌绪院士商量，他见识广、名气大，能和国家领导人直接对话，不想两人一拍即合，准备上书中央。向中国工程院徐匡迪院长作了汇报，同样得到共识和支持，与另外10位院士商讨后共同署名，由中国工程院发文上报国务院。不曾想到，温家宝总理、刘延东国务委员不到半个月就批示下来。现在，我们正在组织多个高科技行业、技术领域共同做一个《抗疲劳制造与长寿命关键基础构件研究发展》咨询项目，提出一个可操作的技术实施方案来供领导决策。

一、发展抗疲劳制造是战略举措和紧迫需要

机械制造是国民经济实力和国防安全的基础，党中央、国务院一直十分重视机械制造业。经过几十年发展，我国已成为世界制造大国，一些产品已居世界第一位。但是，我国尚处于中、低端产品制造的竞争弱势。比如说：我国机械制造具有相当规模，但高端产品依赖进口。我国的航空、风电、高速列车规模很大，装备用量很大，但基本上是依赖进口；我国已是数控机床出口大国，消耗量居世界第一，但进口的高档数控机床也居世界第一；我国轴承行业规模居世界第三位，但主轴承依赖进口；齿轮行业规模居世界第四，但关键齿轮依赖进口。我国机械产品增长速度很快，但经济效益低下。据统计，2000年我国出口额为938亿美元，进出口逆差达47亿美元；2005 年出口额升至 3090 亿美元，增加了 2 倍，但进出口逆差也升至 97 亿美元，增加了一倍。2005 年出口轴承价值达 14.4 亿美元，但进口额达到 13.6 亿美元。2004 ~ 2005 年，外购高速列车花费了 900 多亿美元。倾国家之力，但因制造的是中、低端产品，附加值低，与需求的高端产品进口相比，入不敷出。基本处于低端产品卖出去、高端产品买进来，外汇流到国外，资源消耗、环境污染留在国内的困惑状况。特别值得关注的是，许多企业还没有从“引进—落后—再引进—再落后”的怪圈里走出来。技术落后，通过引进国外先进产品，仿制、消化吸收，提高水平原本是一条自我发展的道路。但是，由于发达国家是推销产品赢利而不是教徒弟、树立竞争对手，因此我们不可能买到先进产品；即使是先进些的产品，其制造技术也保密，以作为一种控制手段。再加上我们自身缺少引进—消化吸收的机制，往往引进一个产品一造就是几十年，国外又取得了更大的进步，不得不再次引进新一代产品，如此一来，与国外的差距变得更大而不是更小。引进带来的不是缩小差距，而是落后更多。竞争能力每况愈下，竞争弱势很难改变。与一个制造大国极不相称，对我国的经济发展和国防建设极为不利。

关键基础构件是机械制造的核心。所谓关键基础构件是指各种机械共性的转动件：叶片、盘、轴；传动构件：轴承、齿轮；主承力构件：飞机起落架、动载连接螺栓等。这些构件决定了产品的主要功能，其失效将导致灾难性后果，它们都承受动载荷，主要失效模式是疲劳。长期以来，我国关键基础构件主要存在三大问题，即寿命短、结构重、可靠性差，制约了产品的服役性能和经济承受性提高。与需求差距大，与国外差距大；关键构件依赖进口，关键技术受制于人。我认为，造成这种局面的主要原因在于落后的传统“成形”制造。

所谓“成形”制造是指以成本、时间、空间为技术依据，满足形位、表面粗糙度等设计图样规定要求为己任的制造技术。它不适应关键基础构件普遍采用的高强度合金，如铝合金、钛合金、超高强度钢、高温合金等,也不适应安全—寿命及损伤容限、耐久性先进设计技术,导致实际构件低于设计性能,寿命短、结构重、可靠性差。传统“成形”制造不适应高强度合金是因为高强度合金有个共同的弱点，就是疲劳强度应力集中敏感。无论是高强度铝合金 7050，钛合金 Ti6Al4V、超高强度钢 300M，还是涡轮盘高温合金 GH4169，它们虽分属不同类型合金，但其疲劳强度应力集中敏感规律却十分一致。即当理论应力集中系数（K_t）为 3 时，疲劳强度都要降低约 50%，K_t 为 5 时降低约 80%。表面硬化至 HRC60 时，表面划伤造成的应力集中值超过抗拉强度，当然也就无疲劳强度可言了。“成形”制造对高强度合金的这一弱点予以充分展示而没有任何补救作用。由于高强度合金疲劳强度应力集中敏感，构件设计时不得不降低许用应力，提高安全系数，因此增加了结构重量；对于既定的设计和选定的高强度合金，制造时由于没有抗疲劳概念和控制表面完整性措施，加工表面可能附加一个应力集中，并导致疲劳强度的再次降低，造成实际构件低于设计性能，寿命短，可靠性差，而且寿命短的程度、可靠性差的程度不可预知。这就是我们常遇到的现象，同一工艺制造的构件，有的构件寿命很长，有的很短；有的可靠性高，有的可靠性低。例如，同一个 M50 钢，美国制造的主轴承寿命可达 3000 小时，国内制造很难保证 500 小时。关键基础构件都承受很高的载荷和很高的疲劳载荷，其主要失效模式是疲劳。据统计，普通机械关键基础构件疲劳失效占总失效的 50% ~ 90%，航空构件占 80% 以上。在 20 世纪 60 年代到 90 年代中，航空发动机 14 起重大故障中有 13 起是疲劳失效；2003 年统计的近些年来出现的 300 多起发动机故障中，绝大部分与疲劳相关，而且近几年研制的发动机中也出现疲劳失效。统计说明，疲劳是对航空发动机威胁最大的一种失效模式，而且由于高强度新材料的应用导致疲劳失效向短寿期发展。失效分析表明，“成形”制造是疲劳失效的主要原因。传动齿轮断齿故障为典型疲劳失效，其疲劳源在切削加工刀痕断屑处；涡轮盘榫齿裂纹也是典型疲劳失效，其疲劳源也在切削加工刀痕断屑处，因为断屑处是一个高应力集中。可见，伴随高强度新材料的应用，“成形”制造留下的隐患愈显突出。

当前，机械制造业面临的主要挑战是什么？是产权、经济可承受性和技术。产权来自自主创新，经济可承受性是包括制造成本、维修成本在内的全寿命期成本，技术指产品长寿命、高可靠、再减重等技术。迎接挑战就必须改变落后的“成形”制造，实现抗疲劳制造。当前世界制造格局是发达国家发展高科技、高附加值产品，而中、低端产品，低附加值产品向发展中国家转移，两极分化不断扩大。中国作为一个制造大国，不能总是处于竞争弱势，总是要发展高端制造、高端产品。实现这种产业升级、产品转型也必须依靠抗疲劳制造。我国机械制造要走出困惑状况和“怪圈”，解决高技术产业“瓶颈”和国防安全“瓶颈”，只能依靠抗疲劳制造。所以，实现抗疲劳制造是一项战略举措，也是紧迫需求。

二、抗疲劳制造是从制造大国变为制造强国的必由之路

什么是抗疲劳制造？美国空军材料实验室（AFML）定义是控制表面完整性，以疲劳性能为主要判据和提高疲劳强度的制造技术。所谓表面完整性是指控制加工工艺形成的无损伤或强化的表面状态。抗疲劳制造是制造技术功能化，它把构件带入长寿命、高可靠、减免维修的新时代，把产品带入到经济可承受性、环保和人性化的新时代！发展抗疲劳制造驱动力主要包括：制造工艺是实现设计的关键，没有制造就没有构件；飞机、发动机等构件要求更高强度的材料；国际竞争、降低成本、提高构件质量的需求；对产品服役行为认识的不断提高，以及灾难性失效中凸显表面、亚表面材料变化的危险。任何一种制造总要在构件表面造成一个变质层，这个变质层虽然厚度并不深，但却决定了构件的疲劳行为。这个变质层具有十分复杂的结构，包括应变层、冶金层、氧化层、吸附层等，具有特殊的表

面形貌。这个变质层涉及物理、化学、力学、冶金等学科，所以，抗疲劳制造是多学科的集成技术，随着现代科学的进步而发展。抗疲劳制造不是一个简单的技术，而是现代科学的集成。

抗疲劳制造有什么功能和功效？前面已经说了，关键基础构件广泛采用高强度合金。随着构件轻量化、小型化发展，合金的强度还在不断提高，并向超高强度发展。选用高强度、超高强度合金的原因是它们的强度很高，疲劳强度也很高，可以实现构件体积小、重量轻、长寿命、高可靠。但是，由于“成形”制造不能抑制其疲劳强度应力集中敏感弱点，反而造成构件“三大问题”。抗疲劳制造的最突出功能之一就是能抑制高强度合金的疲劳强度应力集中敏感，采用抗疲劳制造可以恢复构件因应力集中丧失的疲劳强度，并达到材料固有的疲劳强度，使高强度合金得以充分发挥其优越性。抗疲劳制造还能提高材料疲劳强度，如300M超高强度钢，采用“成形”制造时疲劳强度为680兆帕，改用抗疲劳制造后升高到930兆帕，提高了36%；Ti6Al4磨削工艺不恰当，疲劳强度只有100兆帕，采用抗疲劳磨削可达440兆帕，提高330%。同样，7475–T6铝合金微振磨损疲劳寿命提高100倍，GH4169合金650℃疲劳强度提高40%等。不仅如此，抗疲劳制造还能提高构件的疲劳性能，如应力集中系数为5时，300M钢的疲劳强度为250兆帕，采用抗疲劳制造后升高至440兆帕，提高了79%，4140钢表面渗氮后疲劳强度提高了100%；高强合金GH37应力集中系数为3时提高47%，应力集中系数为4时提高61%等。抗疲劳制造还适应先进设计，是先进设计的保障。美国于1948 ~ 1970年研究发展高强度合金表面完整性制造，AFML提出了《机械加工构件表面完整性制造指南》，它标志着美国基本实现了表面完整性制造。接着，1971年美国空军颁布了军用飞机安全寿命设计规范，1975年颁布损伤容限设计规范。这就是说，表面完整性制造是安全寿命、损伤容限设计的基础。而且，用以实现了第三代战斗机F–15、F–16长寿命，达到5000飞行小时的世界最高水平。然而，我国虽然1985年与国际接轨，颁布了安全寿命设计规范，但是至今尚未实现抗疲劳制造。也就是说，我们现在还处于设计—制造技术倒挂状态，实现构件设计的技术是空的。像空中楼阁一样,往前迈出一步就踩空摔下来,这就是构件“三大问题”的由来。抗疲劳制造的功效还在于它能实现构件长寿命。比如采用“成形”制造时，起落架的寿命只有200飞行小时，而且不稳定。采用抗疲劳制造后达3000飞行小时不失效。国外发动机采用抗疲劳制造,寿命达到3000小时,国内采用“成形”制造,寿命仅约300小时。抗疲劳制造可以实现构件高可靠。某飞机机翼主梁设计寿命2000飞行小时，但服役1400飞行小时后，50%构件出现裂纹；改用抗疲劳制造后，疲劳寿命达到23000飞行小时以上，服役中再也未出现裂纹。某直升机旋翼桨毂接头，10^{-6}风险率下安全寿命为185小时，服役中出现裂纹；改用抗疲劳制造后，疲劳寿命达到1085小时，服役中再也未出现裂纹。抗疲劳制造还实现结构再减重。通常，树脂基复合材料（PMC）比重轻，用以代替铝合金减重是符合科学规律的，但据报道，空客公司用7055铝合金试验制造机翼蒙皮，重量与PMC制件重量相同；美国B-1飞机机翼作动筒用Ti6Al4V合金制造，用超高强度钢AF1410制造后减重10.6%。可见，抗疲劳制造使通常的概念发生了变化。其实，用轻质材料代替比重高的材料实现减重是以抗疲劳制造为前提的。抗疲劳制造是一场革命，它涉及制造观念转变，从解决“有无”转变为经济可承受性；技术转变，从“成形”制造转变为抗疲劳制造；管理转变，从指标检验转变为过程控制；素质转变，从低技能转变为高技能，从被动转变为主动。它关系全局性技术进步，把现代科学与制造技术、构件技术乃至产品联系在一起，成为从制造大国发展为制造强国的必由之路。其实，美国已有经验可供借鉴。由于美国于1970年率先实现了表面完整性制造，至今的几十年间表面完整性制造快速发展，20世纪80年代还发展了仿真、模拟、数字化制造和性能预测，构件疲劳寿命提高几倍到百倍，可靠性提高一个到几个数量级，90 年代又提出经济可承受性概念，减免维修等，构件与产品性能一直居世界领先地位，成为制造强国。

三、抗疲劳制造前所未有的发展机遇

当前，我国抗疲劳制造遇到了前所未有的发展机遇。这些机遇体现在许多方面。中、低端产品的制造规模不小，已居世界首位或前列，亟待转型为高端产品，升级为高端制造，参与国际竞争；长期引进、仿制提高了技术水平，走到了转向自主创新的关口；制造大国亟待发展成为制造强国。实现这些转变的根本和基础是发展抗疲劳制造。但是，抗疲劳制造属于国家级机密，拿不来，买不来。关键基础构件是机械制造的核心，发达国家的产品梯度转移是设有门槛的。高端的、先进的构件同样是控制的，限制或禁运的，同样拿不来、买不来。抗疲劳制造和关键基础构件技术是国际竞争力的体现，不可能靠引进达到。这些年来，我国大批引进了各种航空、风电装置、高速列车、汽轮机、燃气轮机等新产品。使用若干年后可能出现的问题、潜在的危险、维修、国产化以及可持续发展，都必须充分估计、认真考虑，及早储备抗疲劳制造技术。航空发动机及其他机械动力装置历来是“瓶颈”，是严重的制约因素。改变落后状况的需求十分紧迫。虽然改革开放 30 年来，国民经济发展很快，有实力为发展抗疲劳制造和关键基础构件、高端产品制造提供足够的经费支持。但是，至今在有关机械制造的规划、专项、项目中尚无抗疲劳制造的内容。

我要强调，我国到了发展抗疲劳制造的时候了。到了抓住这个机遇，自主创新，快速发展和实现抗疲劳制造，提升核心竞争能力，建立关键基础构件技术，掌握机械制造的核心，推进产品升级、转型，又好又快地发展制造强国的时候了！

四、长寿命飞机起落架的经历

下面我想回顾和介绍研究抗疲劳制造技术，实现战斗机长寿命起落架的经历。

20世纪60年代我国发展高性能飞机中，遇到了起落架技术落后的制约，寿命短、可靠性差，既制约飞机设计发展，又威胁服役安全。直到1990年的20多年间，起落架疲劳寿命从未达到过设计指标要求。

为解决起落架问题，1980年立项研究300M钢和长寿命起落架抗疲劳制造技术。我和我的同伴们经过10多年试验研究，在疲劳理论基础上，提出一种“无应力集中”抗疲劳概念。其基本概念是不同应力集中构件，具有无应力集中时材料固有疲劳强度。揭示了微观机理，建立了理论模型。自主创新了10多种先进制造技术，建立了抗疲劳制造技术体系，包括整体制坯与热工艺技术体系，抗疲劳机械加工技术体系，表层组织再造改性技术体系，表面完整复合防护技术体系和低应力集中细节设计技术体系等。用于研制的高纯300M钢制造战斗机起落架，疲劳寿命一举达到3000飞行小时不失效，首次达到设计指标要求，实现与机体同寿命，继续试验，达到5000飞行小时不失效，达到美国F-15、F-16飞机300M钢起落架5000飞行小时世界最高规定寿命；增加载荷30%后，继续试验至6000飞行小时仍未失效。三年半疲劳试验，起落架终未失效。自1991年交付空军服役使用至今，无一故障，具有很高的可靠性。如今,长寿命起落架制造技术已在多种飞机上广泛使用。这一经历说明，只要实现了抗疲劳制造，关键基础构件长寿命、高可靠性是可以达到的，国外达到的高水平，中国人同样可以达到。在这里介绍这一经历还想表达，我所论述和倡导的抗疲劳制造不只是理论的分析、设想，更不是空谈，而是基于成功的实践，多次成功的实践。温总理、刘延东国务委员在很短时间内做出批示，我也很感动。我很自信，抗疲劳制造一定会成功！

五、抗疲劳制造的内涵

与其他技术一样，抗疲劳制造的理论基础是疲劳理论。疲劳理论涉及一个广泛的领域。具体地说，抗疲劳制造的理论基础是“无应力集中”抗疲劳概念。在其指导下，将创新一系列的抗疲劳制造技术。

抗疲劳制造主要涉及三大制造领域，表层硬化、抗疲劳机械加工和表层组织再造改性。其中，表层硬化已从普通硬化，如HRC58 ~ 62发展成了超硬化，达到HRC 68 ~ 70。接触疲劳寿命因之提高几倍或几十倍；弯曲疲劳强度提高60%，寿命提高近百倍。抗疲劳机械加工不仅发展了模拟、仿真和性能预测，而且走向高速、高效、精密，成为提高疲劳寿命的手段之一。传统的表层组织再造改性可以显著提高疲劳强度，成为长寿命、高可靠构件的规定制造技术。如今，表层组织再造改性又在传统喷丸强化等表层组织再造改性基础上将疲劳寿命再提高几倍甚至几十倍。

如前所述，抗疲劳制造是以疲劳性能为主要判据和提高疲劳强度的制造技术。就是说，能带来疲劳强度、寿命提高的制造工艺就是好工艺。否则就不是抗疲劳制造工艺。当然，其评价方法也与传统的“成形”制造不同。除了诸如表面状况、形、位、高低倍组织和硬度外，还扩展到疲劳试验、应力腐蚀试验，残余应力数据，乃至各种统计性设计数据、蠕变性能及其他应力破坏数据。一句话，保证构件服役行为与设计一致的各种评价试验数据。

评价试验采用现代先进技术，比如无损检测方法包括X射线、涡流、超声、荧光乃至中子衍射；组织检测除了光学显微镜，还沿用了扫描、透射以及高分辨电子显微镜方法；表面粗糙度检测涉及机械和光学铁笔、扫描电镜以及原子力显微镜等，以精确判定构件的表面状况，尤其是应力集中状况。

抗疲劳制造是一个复杂的技术体系，除了自身技术体系外，还包括设计、材料技术体系，关键基础构件及其生产制造技术体系，疲劳评价与服役控制技术体系，产业化技术体系以及产品、装备产业化技术体系等。

建立抗疲劳制造技术体系，实现抗疲劳制造还必须解决两个基本理念问题。一是高性能构件是设计—材料—制造三位一体技术集成。设计、材料、制造分属不同的学科，没有哪个学科技术比其他的学科技术更重要。学科技术都有自身的形成规律和周期，必须各自独立发展而且达到高水平。没有高水平的学科技术，就没有高性能的构件集成。学科技术还应协调发展，没有协调发展也没有高性能构件集成。发展抗疲劳制造就是要自主创新建立以制造技术为主体、设计—材料协调发展的技术体系。几十年来，因技术落后，引进、仿制国外产品造成产品（型号）带动学科技术；设计牵头，设计带动制造技术等已经是历史的理念。

另一个是实现抗疲劳制造技术创新一定要建立“全过程”研究理念。所谓研究“全过程”，其要素包括应用基础理论、制造技术、工程化生产、失效反馈。依靠这一认识单元的反复循环，获得可用可靠的抗疲劳制造技术体系。

抗疲劳制造与其他应用科学技术一样，研究的目的全在于应用，研究的目标在于形成有价值的形式。只要抓住机遇，不断发现新规律，遵守科学规律，发展抗疲劳制造，我国机械制造业一定会从“引进—落后—再引进—再落后”的怪圈中走出来。凭借自主知识产权、经济可承受性和抗疲劳制造技术，促进基础构件、高端产品的发展，“中国制造”的旗帜一定会飘扬在国际领先的行列中。

赵振业院士简介

主要经历

1937 年 11 月 13 日　生于河南省原阳县姚村。

1944 ~ 1950 年　姚村小学念书。

1950 ~ 1953 年　新乡市第三初级中学念书。

1953 ~ 1956 年　新乡第一中学念书。

1956 ~ 1961 年　西北工业大学金属学及热处理专业学习。

1961 年 10 月　天津中国人民解放军 4847 部队入伍（国防部第六研究院）。

1961 年 11 月　进入中国人民解放军 4059 部队（国防部第六研究院第六研究所）。

1962 年　621 所一室结构钢与不锈钢专业组，参与 GX−8 研究。

1964 ~ 1966 年　621 所一室热疲劳专业组。

1967 年　621 所一室结构钢与不锈钢专业组，继续从事 GX−8 研究。

1973 年　621 所一室主持 650℃马氏体不锈钢研究。

1976 年　621 所二十六室结构钢与不锈钢专业组，主持中温超高强度钢 GC−19 研究。

1983 年　主持飞机起落架用新型超高强度钢 300M 应用研究。

1991 年　主持长寿命起落架技术研究，荣立中国航空航天工业部一等功。

1992 年　获国家有突出贡献中青年专家、航空航天工业部劳动模范，享受政府津贴。任 621 所副总工程师兼科技处处长。

1993 年　获首都劳动奖章。

1994 年　获 621 所科研重奖，当选北京航空航天学会理事，聘为西北工业大学兼职教授。

1996 年　评为国防科工委国防科技预先研究管理先进工作者。

1998 年　获 621 所科研重奖。

2005 年　当选中国工程院院士。

2006 年　当选北京航空航天学会副理事长，获航空报国突出贡献奖。

科技成果奖

1. 航空发动机压气机叶片及盘的热强不锈钢（GX-8），获 1978 年全国科学大会奖状。

2. GX-8 马氏体热强不锈钢，1985 年获国家发明四等奖。

3. GC-19 中温超高强度钢，1988 年获国家发明三等奖。

4. 飞机起落架用新型超高强度钢 300M 应用研究，1992 年获国家科技进步一等奖 。

5. 动态残余奥氏体测试技术与装置，1996 年获国家发明四等奖。

6. 一种超高强度高韧性不锈钢及其制备方法 ，2002 年获国家发明专利。

7. 一种齿轮钢，其制备方法及梯度硬化方法，2002 年获国家发明专利。

8. 300M 钢长寿命起落架应用技术研究，1997 年获航空工业总公司科技进步二等奖。

9.《中国航空材料手册》（2 版）2004 年获国防科工委科技进步二等奖。

10.《航空制造工程手册》飞机结构与工艺性指南分册 ，1999 年获航空部科技进步二等奖。

11. 飞机起落架用新型超高强度钢 300M 研究，1991 年获航空部科技进步三等奖。

12. 干线飞机试验机起落架大型模锻件研制，1995 年获航空部科技进步三等奖。

13. 新型高强高韧23Co14Ni12Cr3MoE钢在飞行参数记录器防护壳体上的应用研究，2006年获中国一航科技进步三等奖。

14. 耐蚀超高强度钢二次硬化机理和氢脆行为，1997年获航空基础科学基金科技一等奖。

专著及论文目录

1. 赵振业 . 合金钢设计 , 国防工业出版社 , 1999

2. 赵振业 , 李春志 , 李志等 . 一种超高强度不锈钢超细化组织TEM研究 , 航空材料学报 , 2005(2): 1~5

3. 赵振业 . 高强度合金抗疲劳应用技术研究与发展 , 中国工程科学 , 2005(3): 90~94

4. 赵振业 , 李春志 , 李志等 . 探索强韧化机理 , 创新超高强度高韧性不锈钢 , 中国有色金属学报 , 2004(May)(SI): 202~206

5. 赵振业 , 李春志 , 李志等 . 一种超高强度不锈齿轮钢强化相研究 , 航空材料学报 , 2003(1): 1~7

6. 赵振业 , 李志 , 刘天琦等 . 探索新强韧化机制 , 开拓超高强度钢新领域 , 中国工程科学 , 2003(9): 39~42

7. 李志 , 赵振业 , 刘天琦等 . 高强度沉淀硬化不锈钢 K_{IC} 和 K_{ICC}, 航空材料学报 , 2003(增刊): 83~87

8. 杨东方，赵振业 . AF1410与300M钢的腐蚀冲击疲劳行为，材料工程，2003(1)：3~5

9. 王克然，赵爱国，樊立伟，赵振业 . 300M钢锻件中的凹坑缺陷及其形成机理，材料工程，2003(1)：42~44

10. 赵振业 . 超高强度钢中二次硬化现象研究，航空材料学报，2002(4)：46~55

11. 刘天琦，支敏学，朱杰远，李志，赵振业 . 热处理制度对0Cr13Ni8Mo2Al钢组织和性能的影响，材料工程，2002(5)：26~29

12. 赵振业，凌斌，钟平，钟炳文 . 用场离子显微镜和原子探针

研究 23NiCo 钢中 M2C 的回火析出机制，金属热处理学报，2000(2)：14~23

13. 赵振业．航空高性能齿轮钢研究与发展，航空材料学报，2000(3)：148~157

14. 赵新清，王二敏，赵伟彪，赵振业，韩雅芳．塑性变形提高形状记忆合金相变滞后机制探讨，航空材料学报，2000(2)：8~14

15. 李志，支敏学，刘天琦，赵振业．新型超高强度－高韧性马氏体沉淀硬化不锈钢组织和力学性能初探，航空材料学报，2000(3)：1~5

16. 李志，曲敬信，周平安，赵振业，邵荷生．3Cr2W8V 钢高温、高载下的干摩擦滑动特性，钢铁研究学报，2000(8)：36~42

17. 李志，赵振业，曲敬信，周平安，邵荷生．载荷对镍基合金涂层高温磨损特性的影响，金属热处理，2000(6)：11~16

18. 李志，赵振业，曲敬信，周平安，邵荷生．真空熔结铁基合金涂层的组织结构分析，兵器材料科学与工程，2000(5)：30~34

19. 凌斌，钟平，钟炳文，赵振业，张少卿．新型二次硬化高 CoNi 超高强度钢强韧化机制研究，航空学报，1997(1)：44~49

20.Zhang W, Zhao Z Y. The Eliminating Mechanism of Coarse Macro-grain in Ultra-high Strength Low Alloy Steel. Abstracts of the Advanced Materials and Processes Fourth Sino-Russian Symposium. Oct., 1997

21. 张伟，赵振业，濮汝厚，张建国，孙晓燕．钢中残余奥氏体动态测量装置及应用，材料工程，1996(7)：41~43

22. 张伟，赵振业，冯玉书．超高强度钢 300M 回火酸浸检查技术，材料工程，1996(增刊)：175~176

23. 凌斌，钟炳文，赵振业，张少卿．高 CoNi 超高强度钢的组织和性能研究，材料工程，1996(增刊)：80~82

24.Ling B, Zhong P, Zhong B W, Zhao Z Y, Zhang S Q. On the

Strengthening Mechanism of High Co−Ni Ultra−high Strength Steel, ACTSA Metallurgica Sinica(English letters), 1996，25: 647

25. 张伟，赵振业 . 航空用高强度钢的表面完整性，航空科学技术，1996(3)：20~22(8)

26. 付洋，赵振业，朱目秀 . 300M 钢纯洁度磁粉检验磁痕现象的分析，航空材料学报，1996，16(4)：34~39

27. 宋德玉，罗治平，赵振业 . 韧化处理 300M 钢的孔挤压强化机制，航空材料学报，1995，15(1)：22~27

28. 凌斌，钟平，钟炳文，赵振业，张少卿 . 11.73Ni−13.85Co−3.13Cr 钢回火组织和性能的研究，航空材料学报，1995，15(4)：20~26

29. 赵振业，赵英涛，何鲁林，全宏生 . 先进飞机结构材料的发展，材料工程，1995(1)：4~8

30. 凌斌，钟炳文，赵振业，张少卿 . 高强度钢连续冷却组织和时效反应的研究，材料工程，1995(7)：31~33

31. 濮汝厚，张伟，赵振业 . 超高强度钢 300M 含碳量、等温温度与力学行为的关系，航空材料学报，1994，14(3)：14~18

32. 张伟，刘井宏，赵振业 . 两种热处理 300M 钢的微观组织与力学行为，材料工程，1995(1)：12~14

33. 张伟，赵振业，冯玉书，凌斌，濮汝厚 . 等温热处理 40CrNi2Si2MoVA 钢中残余奥氏体，航空材料学报，1995，15(2)：27~33

34. 凌斌，钟平，钟炳文，古宝珠，赵振业，张少卿 . Fe−10Ni−14Co 钢标准状态的组织研究，航空材料学报，1995，15(2)：21~26

35. 张伟，赵振业，冯玉书，凌斌，濮汝厚 . 超高强度钢低倍粗晶与高倍组织的关系，材料工程，1994(1)：15~17

36. 冯玉书，赵振业，张伟，叶武俊 . 300M 回火酸浸蚀检查标

准试块的研究，材料工程，1994(2)：27~29

37. 张伟，赵振业，张德堂，马淑琴，濮汝厚．超高强度钢奥氏体相变再结晶形核机制，材料工程，1993(11)：19~22

38. 赵振业，全宏声．跨世纪飞机结构材料发展，跨世纪中国航空，1993

39. 宋德玉，高文，赵振业．螺纹滚压强化对 300M 钢螺纹疲劳强度的影响，材料工程，1993(2)：17~19

40. 张伟，赵振业，张德堂，马淑琴，濮汝厚．300M 超高强度钢的奥氏体相变再结晶温度和低倍粗晶的消除，材料工程，1993(8)：21~25

41. 叶武俊，张伟，赵振业．低合金高强度钢疲劳裂纹扩展速率和扩展寿命的断口反推估算，材料工程，1993(9)：32~35

42. 赵振业．超高强度钢的理论、发展和应用，材料工程，1991(2)：29~31

43. 叶武俊，张伟，丁传富，赵振业．两种超高强度钢的谱载疲劳行为及断裂和形貌的研究，材料工程，1992(2)：10~14

44. 赵振业，钟炳文．超高强度钢 300M 韧化热处理，材料工程，1992(7−9)：139~141

45. 华文君，赵振业．300M 钢中等温贝氏体转变研究，材料工程，1992(7−9)：142~145

46. 张伟，赵振业，叶武俊．300M 钢微观亚组织单元尺寸与力学性能，材料工程，1992(7−9)：146~149

47. 赵振业．高强度钢的理论、发展和应用，中国航空学会材料工程分会第一次会议论文集，1990

48. 赵振业，钟炳文．二次硬化 38Cr2Mo2VA 钢回火研究，中国航空科技文献，HJB900891

49. 钟炳文，赵振业．高强度钢精细组织与强韧性，航空材料学报，1989，9(1)：16~22

50. 赵宇，赵振业 . 关于 300M 钢断裂韧性试样断口上延伸区的观察和定量研究，航空材料学报，1989(3)：15~21

51. 赵振业，钟炳文 . 二次硬化型钢中过时效机理的研究，航空材料学报，1988，8(2)：8~11

52.Zhao Z Y, Zhong B W. A Study of Mechanism of Overage Behavior in a Cr−Mo−V Steel, Proceeding of ICM−5, June, 1987

53. 叶武俊，赵振业，颜鸣皋 . 超高强度钢显微组织与氢脆敏感性的研究，航空材料学报，1987，7(1)：10~16

54. 赵振业，朴相俊，王素英 . 二次硬化钢 38Cr2Mo2VA 回火研究，中国机械工程学会第一届年会论文集，1985

55. 赵振业，朴相俊，王素英 . 中温超高强度钢 38Cr2Mo2VA 研究，航空材料，1985(6)：11~14

56. 赵振业 . 飞机用超高强度钢的韧性要求，航空制造工程，1985(5)：18~20

57. 赵振业 . 飞机用超高强度钢，国际航空，1981(4)：50~52

后记

始建于1956年的北京航空材料研究院，是我国“一五”期间重点建设项目之一。这里人才济济，藏龙卧虎。经过几代航材人的不懈努力，航材院由小到大，由弱到强，从研究仿制航空材料到自行设计研制航空材料，从研究一般合金到研究超高强度合金，从研究金属材料到研究非金属材料，从研究成功钛合金到发展复合材料，创造了一个又一个的奇迹，铸就了一个又一个的辉煌。

多少人在这里放飞梦想，实现了自己的抱负；多少人为之付出了智慧与汗水，又有多少人视航材院为家，与自己的命运联系在一起，辛勤耕耘，默默奉献。

赵振业院士就是航材院的优秀代表之一。20世纪60年代，他作为主要成员参与研制成功我国第一个12%Cr型马氏体热强不锈钢GX-8；70年代，他主持研究成功38Cr2Mo2VA新钢种，填补了我国中温钢的空白，解决了歼击机后机身超温、超重无材可选问题；80年代，他提出“提纯原材料，降低硫含量”和“镦-拔开坯”冶炼新工艺，使仿制300M钢一举达到美国实物标准，使我国起落架制造有了新钢种；90年代，他主持创新应用研究新技术，使300M钢制起落架达到与机同寿命，居于世界先进水平；20世纪末至21世纪初，他与他的研究生们又探索设计了一种超高强度不锈钢和超高强度不锈齿轮轴承钢；近年来，他以强烈的使命感、责任感，不顾年逾古稀高龄，为发展抗疲劳制造，提高我国核心技术竞争力，为使中国由一个制造大国成为一个制造强国而奔走呼吁。

赵振业院士几十年如一日，为祖国的航空材料事业勇于探索，不懈追求，敬业奉献的精神是我们时代的宝贵财富。对于这样的专家需要讴歌，对于这样的学者需要颂扬。

经《中国航空报》总编辑徐泽龙先生推荐，应航材院党委宣传文化部的邀请，笔者来到航材院采写赵振业院士的传记。

对于材料科学，笔者是个门外汉，很多专业名词听不懂，很多专业术语难以理解，这是始料未及的。为一个科学家写传，对于笔者来说也是“大姑娘坐轿”头一回。深感写作难度大，惧怕写不好，因而压力较大。而航材院又为笔者提供了良好的写作条件和生活条件，这就更令我寝食难安。

赵院士的确很忙，他每天的日程排得满满的，但他总是尽量利用晚上和双休日时间接受采访，与笔者交谈。他说话时底气很足，岁月的流逝几乎没有在他身上脸上留下多少痕迹！他总是那么清健，神采奕奕，红光满面，看不出已是年过七旬的长者。他给笔者的第一印象是平易、和蔼、谦逊。在介绍他的科研工作时，总是提及领导的支持，他的团队里成员解决了什么问题，攻克了什么难关。在谈起国家的发展，科技的振兴，和一些不尽如人意之事时，他脸上立时会展现出慷慨激昂、乃至急不可耐的情绪。在回忆他的故乡，他的童年，他的父辈，还有他的老师时，则充满眷恋和感激。

在与赵院士的多次交谈之后，笔者的压力开始缓解下来。

在采访过程中，笔者对人们讲述的赵院士对科学研究的执着严谨，遵循科研程序，严格按科研客观规律办事的科学态度；凡事讲认真，工作踏踏实实，做事一丝不苟，精益求精的精神；淡泊名利，敬业奉献，为人朴实，生活低调，甘做人梯的高尚品德；怀有强烈责任感、使命感，不懈追求，而且一定要干成事的工作作风深深感动。在写出传记的初稿后，赵院士在百忙之中利用在外地疗养、国庆假日对书稿内容做了认真修改、补充，令笔者心存感激。

在此书编著过程中，得到航材院党委、宣传文化部、科技档案室以及曾经与赵院士共事过的许多同事的大力支持和帮助，尤其是郎小兵等同志为传记撰写倾注了极大的热情，做了许多具体工作，付出了辛勤劳动，在此谨表示衷心的感激。

由于时间仓促，写作水平有限，未能全方位多角度地反映赵院士的人生风采，恳请赵院士见谅。同时，也望读者朋友不吝赐教。

作　者

作者简介

李韶华，江西瑞金市人，1949年1月生，大专文化，编审，原任江西洪都航空工业集团有限责任公司《洪都报》主编。长期从事企业宣传报道工作，先后在新华通讯社、中国新闻社、《人民日报》、《光明日报》、《经济日报》、《解放军报》、《科技日报》、《工人日报》、《江西日报》、《中国航空报》及《航空知识》、《兵器知识》、《现代兵器》、《环球飞行》、《记者写天下》等报刊发表各类文章数千篇，其中有几十篇获奖。参与《中国飞机》和首部《中国循环经济年鉴》的编辑工作，著有《神密的东南角》、《鹰击长空展雄姿》。曾任中国航空新闻工作者协会副理事长、江西企业报协会副会长。现为江西省作家协会会员。